北京大學中國語言學研究中心

早期北京話珍稀文獻集成
主編 劉雲

——朝鮮日據時期漢語會話書匯編

分卷主編 ［韓］朴在淵 ［韓］金雅瑛

官話華語教範

［韓］李起馨 著
［韓］朴在淵 ［韓］金雅瑛 校注

北京大學出版社
PEKING UNIVERSITY PRESS

圖書在版編目（CIP）數據

官話華語教範 /（韓）李起馨著；（韓）朴在淵，（韓）金雅瑛校注. —北京：北京大學出版社, 2017.7
（早期北京話珍本典籍校釋與研究）
ISBN 978-7-301-28098-0

Ⅰ. ①官⋯　Ⅱ. ①李⋯ ②朴⋯ ③金⋯　Ⅲ. ①北京話–研究　Ⅳ. ①H172.1

中國版本圖書館CIP數據核字（2017）第066414號

書　　　名	官話華語教範
	GUANHUA HUAYU JIAOFAN
著作責任者	［韓］李起馨 著　［韓］朴在淵　［韓］金雅瑛 校注
責任編輯	崔　蕊　歐慧英
韓文編輯	曹夢玥
標準書號	ISBN 978-7-301-28098-0
出版發行	北京大學出版社
地　　址	北京市海淀區成府路205號　100871
網　　址	http://www. pup. cn　新浪微博：@北京大學出版社
電子信箱	zpup@ pup. cn
電　　話	郵購部 62752015　發行部 62750672　編輯部 62754144
印刷者	北京京華虎彩印刷有限公司
經銷者	新華書店
	720毫米×1020毫米　16開本　17.75印張　154千字
	2017年7月第1版　2018年3月第2次印刷
定　　價	68.00元

未經許可，不得以任何方式複製或抄襲本書之部分或全部內容。
版權所有，侵權必究
舉報電話：010-62752024　電子信箱：fd@pup.pku.edu.cn
圖書如有印裝質量問題，請與出版部聯繫，電話：010-62756370

總　序

　　語言是文化的重要組成部分，也是文化的載體。語言中有歷史。

　　多元一體的中華文化，體現在我國豐富的民族文化和地域文化及其語言和方言之中。

　　北京是遼金元明清五代國都（遼時爲陪都），千餘年來，逐漸成爲中華民族所公認的政治中心。北方多個少數民族文化與漢文化在這裏碰撞、融合，產生出以漢文化爲主體的、帶有民族文化風味的特色文化。

　　現今的北京話是我國漢語方言和地域文化中極具特色的一支，它與遼金元明四代的北京話是否有直接繼承關係還不是十分清楚。但可以肯定的是，它與清代以來旗人語言文化與漢人語言文化的彼此交融有直接關係。再往前追溯，旗人與漢人語言文化的接觸與交融在入關前已經十分深刻。本叢書收集整理的這些語料直接反映了清代以來北京話、京味文化的發展變化。

　　早期北京話有獨特的歷史傳承和文化底藴，於中華文化、歷史有特別的意義。

　　一者，這一時期的北京歷經滿漢雙語共存、雙語互協而新生出的漢語方言——北京話，她最終成爲我國民族共同語（普通話）的基礎方言。這一過程是中華多元一體文化自然形成的諸過程之一，對於了解形成中華文化多元一體關係的具體進程有重要的價值。

　　二者，清代以來，北京曾歷經數次重要的社會變動：清王朝的逐漸孱弱、八國聯軍的入侵、帝制覆滅和民國建立及其伴隨的滿漢關係變化、各路軍閥的來來往往、日本侵略者的占領，等等。在這些不同的社會環境下，北京人的構成有無重要變化？北京話和京味文化是否有變化？進一步地，地域方言和文化與自身的傳承性或發展性有着什麽樣的關係？與社會變遷有着什麽樣的關係？清代以至民國時期早期北京話的語料爲研究語言文化自身傳承性與社會的關係提供了很好的素材。

了解歷史才能更好地把握未來。新中國成立後，北京不僅是全國的政治中心，而且是全國的文化和科研中心，新的北京話和京味文化或正在形成。什麽是老北京京味文化的精華？如何傳承這些精華？爲把握新的地域文化形成的規律，爲傳承地域文化的精華，必須對過去的地域文化的特色及其形成過程進行細致的研究和理性的分析。而近幾十年來，各種新的傳媒形式不斷涌現，外來西方文化和國內其他地域文化的衝擊越來越強烈，北京地區人口流動日趨頻繁，老北京人逐漸分散，老北京話已幾近消失。清代以來各個重要歷史時期早期北京話語料的保護整理和研究迫在眉睫。

　　"早期北京話珍本典籍校釋與研究（暨早期北京話文獻數字化工程）"是北京大學中國語言學研究中心研究成果，由"早期北京話珍稀文獻集成""早期北京話數據庫"和"早期北京話研究書系"三部分組成。"集成"收錄從清中葉到民國末年反映早期北京話面貌的珍稀文獻并對內容加以整理，"數據庫"爲研究者分析語料提供便利，"研究書系"是在上述文獻和數據庫基礎上對早期北京話的集中研究，反映了當前相關研究的最新進展。

　　本叢書可以爲語言學、歷史學、社會學、民俗學、文化學等多方面的研究提供素材。

　　願本叢書的出版爲中華優秀文化的傳承做出貢獻！

王洪君、郭銳、劉雲
二〇一六年十月

"早期北京話珍稀文獻集成"序

　　清民兩代是北京話走向成熟的關鍵階段。從漢語史的角度看，這是一個承前啓後的重要時期，而成熟後的北京話又開始爲當代漢民族共同語——普通話源源不斷地提供着養分。蔣紹愚先生對此有着深刻的認識："特別是清初到19世紀末這一段的漢語，雖然按分期來說是屬于現代漢語而不屬於近代漢語，但這一段的語言（語法，尤其是詞彙）和'五四'以後的語言（通常所說的'現代漢語'就是指'五四'以後的語言）還有若干不同，研究這一段語言對於研究近代漢語是如何發展到'五四'以後的語言是很有價值的。"（《近代漢語研究概要》，北京大學出版社，2005年）然而國內的早期北京話研究并不盡如人意，在重視程度和材料發掘力度上都要落後於日本同行。自1876年至1945年間，日本漢語教學的目的語轉向當時的北京話，因此留下了大批的北京話教材，這爲其早期北京話研究提供了材料支撐。作爲日本北京話研究的奠基者，太田辰夫先生非常重視新語料的發掘，很早就利用了《小額》《北京》等京味兒小說材料。這種治學理念得到了很好的傳承，之後，日本陸續影印出版了《中國語學資料叢刊》《中國語教本類集成》《清民語料》等資料匯編，給研究帶來了便利。

　　新材料的發掘是學術研究的源頭活水。陳寅恪《〈敦煌劫餘錄〉序》有云："一時代之學術，必有其新材料與新問題。取用此材料，以研求問題，則爲此時代學術之新潮流。"我們的研究要想取得突破，必須打破材料桎梏。在具體思路上，一方面要拓展視野，關注"異族之故書"，深度利用好朝鮮、日本、泰西諸國作者所主導編纂的早期北京話教本；另一方面，更要利用本土優勢，在"吾國之舊籍"中深入挖掘，官話正音教本、滿漢合璧教本、京味兒小說、曲藝劇本等新類型語料大有文章可做。在明確了思路之後，我們從2004年開始了前期的準備工作，在北京大學中國語言學研究中心的大力支持下，早期北京話的挖掘整理工作於2007年正式啓動。本次推出的"早期北京話珍稀文獻集成"是階段性成果之一，總體設計上"取異族之故書與吾國之舊籍互相補正"，共分"日本北京話教科書匯編""朝鮮日據時期漢語會話書匯編""西人北京話教科書匯編""清代滿漢合璧文獻萃編""清代官話正音文獻""十全福""清末民初京味兒小説書系""清末民初京味兒時評書系"八個系列，臚列如下：

"日本北京話教科書匯編"於日本早期北京話會話書、綜合教科書、改編讀物和風俗紀聞讀物中精選出《燕京婦語》《四聲聯珠》《華語跬步》《官話指南》《改訂官話指南》《亞細亞言語集》《京華事略》《北京紀聞》《北京風土編》《北京風俗問答》《北京事情》《伊蘇普喻言》《搜奇新編》《今古奇觀》等二十餘部作品。這些教材是日本早期北京話教學活動的縮影，也是研究早期北京方言、民俗、史地問題的寶貴資料。本系列的編纂得到了日本學界的大力幫助。冰野善寬、内田慶市、太田齋、鱒澤彰夫諸先生在書影拍攝方面給予了諸多幫助。書中日語例言、日語小引的翻譯得到了竹越孝先生的悉心指導，在此深表謝忱。

"朝鮮日據時期漢語會話書匯編"由韓國著名漢學家朴在淵教授和金雅瑛博士校注，收入《改正增補漢語獨學》《修正獨習漢語指南》《高等官話華語精選》《官話華語教範》《速修漢語自通》《速修漢語大成》《無先生速修中國語自通》《官話標準：短期速修中國語自通》《中語大全》《"内鮮滿"最速成中國語自通》等十餘部日據時期（1910年至1945年）朝鮮教材。這批教材既是對《老乞大》《朴通事》的傳承，又深受日本早期北京話教學活動的影響。在中韓語言史、文化史研究中，日據時期是近現代過渡的重要時期，這些資料具有多方面的研究價值。

"西人北京話教科書匯編"收錄了《語言自邇集》《官話類編》等十餘部西人編纂教材。這些西方作者多受過語言學訓練，他們用印歐語的眼光考量漢語，解釋漢語語法現象，設計記音符號系統，對早期北京話語音、詞彙、語法面貌的描寫要比本土文獻更爲精準。感謝郭鋭老師提供了《官話類編》《北京話語音讀本》和《漢語口語初級讀本》的底本，《尋津録》、《語言自邇集》（第一版、第二版）、《漢英北京官話詞彙》、《華語入門》等底本由北京大學圖書館特藏部提供，謹致謝忱。《華英文義津逮》《言語聲片》爲筆者從海外購回，其中最爲珍貴的是老舍先生在倫敦東方學院執教期間，與英國學者共同編寫的教材——《言語聲片》。教材共分兩卷：第一卷爲英文卷，用英語講授漢語，用音標標注課文的讀音；第二卷爲漢字卷。《言語聲片》采用先用英語導入，再學習漢字的教學方法講授漢語口語，是世界上第一部有聲漢語教材。書中漢字均由老舍先生親筆書寫，全書由老舍先生錄音，共十六張唱片，京韻十足，殊爲珍貴。

上述三類"異族之故書"經江藍生、張衛東、汪維輝、張美蘭、李無未、王順洪、張西平、魯健驥、王澧華諸先生介紹，已經進入學界視野，對北京話研究和對外漢語教學史研究產生了很大的推動作用。我們希望將更多的域外經典北京話教本引入進來，考慮到日本卷和朝鮮卷中很多抄本字跡潦草，難以辨認，而刻本、印本中也存在着大量的異體字和俗字，重排點校注釋的出版形式更利于研究者利用，這也是前文"深度利用"的含義所在。

對"吾國之舊籍"挖掘整理的成果，則體現在下面五個系列中：

"清代滿漢合璧文獻萃編"收入《清文啓蒙》《清話問答四十條》《清文指要》《續編兼漢清文指要》《庸言知旨》《滿漢成語對待》《清文接字》《重刻清文虛字指南編》等十餘部經典滿漢合璧文獻。入關以後，在漢語這一強勢語言的影響下，熟習滿語的滿人越來越少，故雍正以降，出現了一批用當時的北京話注釋翻譯的滿語會話書和語法書。這批教科書的目的本是教授旗人學習滿語，却無意中成爲了早期北京話的珍貴記錄。"清代滿漢合璧文獻萃編"首次對這批文獻進行了大規模整理，不僅對北京話溯源和滿漢語言接觸研究具有重要意義，也將爲滿語研究和滿語教學創造極大便利。由于底本多爲善本古籍，研究者不易見到，在北京大學圖書館古籍部和日本神户外國語大學竹越孝教授的大力協助下，"萃編"將以重排點校加影印的形式出版。

"清代官話正音文獻"收入《正音撮要》（高静亭著）和《正音咀華》（莎彝尊著）兩種代表著作。雍正六年（1728），雍正諭令福建、廣東兩省推行官話，福建爲此還專門設立了正音書館。這一"正音"運動的直接影響就是以《正音撮要》和《正音咀華》爲代表的一批官話正音教材的問世。這些書的作者或爲旗人，或寓居京城多年，書中保留着大量北京話詞彙和口語材料，具有極高的研究價值。沈國威先生和侯興泉先生對底本搜集助力良多，特此致謝。

　　《十全福》是北京大學圖書館藏《程硯秋玉霜簃戲曲珍本》之一種，爲同治元年陳金雀抄本。陳曉博士發現該傳奇雖爲崑腔戲，念白却多爲京話，較爲罕見。

　　以上三個系列均爲古籍，且不乏善本，研究者不容易接觸到，因此我們提供了影印全文。

　　總體來說，由於言文不一，清代的本土北京話語料數量較少。而到了清末民初，風氣漸開，情況有了很大變化。彭翼仲、文實權、蔡友梅等一批北京愛國知識分子通過開辦白話報來"開啓民智""改良社會"。著名愛國報人彭翼仲在《京話日報》的發刊詞中這樣寫道："本報爲輸進文明、改良風俗，以開通社會多數人之智識爲宗旨。故通幅概用京話，以淺顯之筆，達樸實之理，紀緊要之事，務令雅俗共賞，婦稚咸宜。"在當時北京白話報刊的諸多欄目中，最受市民歡迎的當屬京味兒小說連載和《益世餘譚》之類的評論欄目，語言極爲地道。

　　"清末民初京味兒小說書系"首次對以蔡友梅、冷佛、徐劍膽、儒丐、勳銳爲代表的晚清民國京味兒作家群及作品進行系統挖掘和整理，從千餘部京味兒小說中萃取代表作家的代表作品，并加以點校注釋。該作家群活躍于清末民初，以報紙爲陣地，以小說爲工具，開展了一場轟轟烈烈的底層啓蒙運動，爲新文化運動的興起打下了一定的群衆基礎，他們的作品對老舍等京味兒小說大家的創作產生了積極影響。本系列的問世亦將爲文學史和思想史研究提供議題。于潤琦、方梅、陳清茹、雷曉彤諸先生爲本系列提供了部分底本或館藏綫索，首都圖書館歷史文獻閱覽室、天津圖書館、國家圖書館提供了極大便利，謹致謝意！

　　"清末民初京味兒時評書系"則收入《益世餘譚》和《益世餘墨》，均係著名京味兒小說家蔡友梅在民初報章上發表的專欄時評，由日本岐阜聖德學園大學劉一之教授、矢野賀子教授校注。

　　這一時期存世的報載北京話語料口語化程度高，且總量龐大，但發掘和整理却殊爲不易，稱得上"珍稀"二字。一方面，由於報載小說等欄目的流行，外地作者也加入了京味兒小說創作行列，五花八門的筆名背後還需考證作者是否爲京籍，以蔡友梅爲例，其真名爲蔡松齡，查明的筆名還有損、損公、退化、亦我、梅蒐、老梅、今睿等。另一方面，這些作者的作品多爲急就章，文字錯訛很多，并且鮮有單行本存世，老報紙殘損老化的情況日益嚴重，整理的難度可想而知。

上述八個系列在某種程度上填補了相關領域的空白。由于各個系列在内容、體例、出版年代和出版形式上都存在較大的差異，我們在整理時借鑒《朝鮮時代漢語教科書叢刊續編》《〈清文指要〉匯校與語言研究》等語言類古籍的整理體例，結合各個系列自身特點和讀者需求，靈活制定體例。"清末民初京味兒小說書系"和"清末民初京味兒時評書系"年代較近，讀者群體更爲廣泛，經過多方調研和反復討論，我們決定在整理時使用簡體橫排的形式，儘可能同時滿足專業研究者和普通讀者的需求。"清代滿漢合璧文獻萃編""清代官話正音文獻"等系列整理時則采用繁體。"早期北京話珍稀文獻集成"總計六十餘册，總字數近千萬字，稱得上是工程浩大，由于我們能力有限，體例和校注中難免會有疏漏，加之受客觀條件所限，一些擬定的重要書目本次無法收入，還望讀者多多諒解。

"早期北京話珍稀文獻集成"可以說是中日韓三國學者通力合作的結晶，得到了方方面面的幫助，我們還要感謝陸儉明、馬真、蔣紹愚、江藍生、崔希亮、方梅、張美蘭、陳前瑞、趙日新、陳躍紅、徐大軍、張世方、李明、鄧如冰、王強、陳保新諸先生的大力支持，感謝北京大學圖書館的協助以及蕭群書記的熱心協調。"集成"的編纂隊伍以青年學者爲主，經驗不足，兩位叢書總主編傾注了大量心血。王洪君老師不僅在經費和資料上提供保障，還積極扶掖新進，"我們搭臺，你們年輕人唱戲"的話語令人倍感溫暖和鼓舞。郭銳老師在經費和人員上也予以了大力支持，不僅對體例制定、底本選定等具體工作進行了細致指導，還無私地將自己發現的新材料和新課題與大家分享，令人欽佩。"集成"能夠順利出版還要特別感謝國家出版基金規劃管理辦公室的支持以及北京大學出版社王明舟社長、張鳳珠副總編的精心策劃，感謝漢語編輯部杜若明、鄧曉霞、張弘泓、宋立文等老師所付出的辛勞。需要感謝的師友還有很多，在此一并致以誠摯的謝意。

"上窮碧落下黄泉，動手動脚找東西"，我們不奢望引領"時代學術之新潮流", 惟願能給研究者帶來一些便利, 免去一些奔波之苦, 這也是我們向所有關心幫助過"早期北京話珍稀文獻集成"的人士致以的最誠摯的謝意。

劉 雲
二〇一五年六月二十三日
於對外經貿大學求索樓
二〇一六年四月十九日
改定於潤澤公館

整理说明

　　本叢書收錄的是20世紀前半葉韓國出版的漢語教材，反映了那個時期韓國漢語教學的基本情況。教材都是刻版印刷，質量略有參差，但總體上來說不錯。當然，錯誤難免，這也是此次整理所要解決的。

　　考慮到閱讀的方便，整理本不是原樣照錄（如果那樣，僅影印原本已足夠），而是將原本中用字不規範甚至錯誤之處加以訂正，作妥善的處理，方便讀者閱讀。

　　下面將整理情況作一簡要說明。

　　一、原本中錯字、漏字的處理。因刻寫者水平關係，錯字、漏字不少。整理時將正確的字用六角括號括起來置於錯字後面。如：

　　悠〔您〕、遒〔道〕、辨〔辦〕、兩〔雨〕、郡〔都〕、早〔旱〕、刪〔剛〕、往〔住〕、玖〔玫〕、牧〔牡〕、湖〔胡〕、衣〔做〕、長〔漲〕、痩〔瘦〕、敞〔敝〕、泐〔沏〕、臕〔臢〕、掛〔袿〕、榻〔褐〕、紛〔粉〕、宁〔廳〕、蠂〔蟓〕、叹〔哎〕、林〔材〕、醮〔瞧〕、到〔倒〕、仙〔他〕、設〔說〕、悟〔誤〕、嗜〔瞎〕、顳〔顛〕、孃〔讓〕、斫〔砍〕、抗〔亢〕、搜〔樓〕、遛〔溜〕、藝〔蓺〕、刃〔刀〕、歐〔殿〕、肯〔背〕、叔〔叙〕、坂〔坡〕、裹〔裏〕、炎〔災〕、正〔五〕、着〔看〕、呆〔茶〕、怜悧〔伶俐〕、邦〔那〕、尿〔屁〕、常〔當〕、師〔帥〕、撤〔撒〕、例〔倒〕、孽〔孳〕、眛〔眯〕

　　如果錯字具有系統性，即整部書全用該字形，整理本徑改。如：
　　"熱"誤作"憝"、"已"誤作"己"、"麽"誤作"麼"、"豐"誤作"豊"、"懂"誤作"憧/憧"、"聽"誤作"聴"、"緊"誤作"繁"

　　二、字跡漫漶或缺字處用尖括號在相應位置標出。如：
　　賞口〈罰〉、這口〈不〉是

　　三、異體字的處理。異體字的問題較爲複雜，它不僅反映了當時某一地域漢字使用的習慣，同時也可能提供別的信息，因此，對僅僅是寫法不同的異體字，整理本徑改爲通行字體。如：

呌—叫	伱、儞—你	煑—煮
馱、駄—馱	幇—幫	冐—冒
恠—怪	寃—冤	徃—往
脋—胸	櫃—櫃	鴈—雁
決—决	牀—床	鏁—鎖
砰—碰	糚—裝	箇—個
閙—鬧	鑛—礦	牆—墻
舘—館	僃—備	喒、偺、喒—咱
膓—腸	葯—藥	寳—寶
稟—禀	讃—讚	蓆—席
盃—杯	砲、礮—炮	姪—侄
窻—窗	躭—耽	欵—款
荅—答	糠—糠	踈—疏
聰—聰	賍—臟	撂—攬
餽—饋	撙—撙	躰—體
醎—鹹	坭—泥	窑—窰
滙—匯	朶—朵	擡—抬
煙—烟	賸—剩	骸—腿

以上字形，整理本取後一字。

對有不同用法的異體字，整理時加以保留。如：

疋—匹　　　升—昇—陞

四、部分卷册目錄與正文不一致，整理本做了相應的處理，其中有標號舛誤之處因涉及全書的結構，整理本暫仍其舊。

目　錄

第一編　陪伴用例　1

第二編　動詞用例　5

動詞用例第一章…………… 5　　動詞用例第四章…………… 6
動詞用例第二章…………… 5　　動詞用例第五章…………… 6
動詞用例第三章…………… 5

第三編　前置詞用例　7

前置詞用例第一章…………… 7　　前置詞用例第三章…………… 8
前置詞用例第二章…………… 7　　前置詞用例第四章…………… 8

第四編　副詞用例　9

副詞用例第一章…………… 9　　副詞用例第四章…………… 10
副詞用例第二章…………… 9　　副詞用例第五章…………… 11
副詞用例第三章…………… 10　　副詞用例第六章…………… 11

第五編　形容詞用例　13

形容詞用例第一章…………… 13　　形容詞用例第六章…………… 16
形容詞用例第二章…………… 13　　形容詞用例第七章…………… 16
形容詞用例第三章…………… 14　　形容詞用例第八章…………… 17
形容詞用例第四章…………… 14　　形容詞用例第九章…………… 17
形容詞用例第五章…………… 15

第六編　動詞及打消話用例　19

動詞及打消話用例第一章…………　19
動詞及打消話用例第二章…………　19
動詞及打消話用例第三章…………　20
動詞及打消話用例第四章…………　20
動詞及打消話用例第五章…………　21
動詞及打消話用例第六章…………　21

第七編　助詞用例　22

助詞用例第一章……………………　22
助詞用例第二章……………………　22
助詞用例第三章……………………　23
助詞用例第四章……………………　23
助詞用例第五章……………………　24
助詞用例第六章……………………　24
助詞用例第七章……………………　25
助詞用例第八章……………………　25
助詞用例第九章……………………　26

第八編　連續詞用例　27

連續詞用例第一章…………………　27
連續詞用例第二章…………………　27
連續詞用例第三章…………………　28
連續詞用例第四章…………………　29
連續詞用例第五章…………………　29

第九編　應用會話　31

应用会话第一章……………………　31
应用會話第二章……………………　31
应用會話第三章……………………　32
应用會話第四章……………………　33
应用會話第五章……………………　34
应用會話第六章……………………　35
应用會話第七章……………………　35
应用會話第八章……………………　36
应用會話第九章……………………　37
应用會話第十章……………………　38
应用會話第十一章…………………　38
应用會話第十二章…………………　39
应用會話第十三章…………………　40
应用會話第十四章…………………　41
应用會話第十五章…………………　42
应用會話第十六章…………………　43
应用會話第十七章…………………　44
应用會話第十八章…………………　44
应用會話第十九章…………………　45
应用會話第二十章…………………　46
应用會話第二十一章………………　47
应用會話第二十二章………………　48

应用會話第二十三章……………	49	应用會話第三十七章……………	63
应用會話第二十四章……………	50	应用會話第三十八章……………	64
应用會話第二十五章……………	51	应用會話第三十九章……………	65
应用會話第二十六章……………	52	应用會話第四十章………………	66
应用會話第二十七章……………	53	应用會話第四十一章……………	67
应用會話第二十八章……………	54	应用會話第四十二章……………	68
应用會話第二十九章……………	55	应用會話第四十三章……………	70
应用會話第三十章………………	56	应用會話第四十四章……………	71
应用會話第三十一章……………	57	应用會話第四十五章……………	72
应用會話第三十二章……………	58	应用會話第四十六章……………	73
应用會話第三十三章……………	59	应用會話第四十七章……………	75
应用會話第三十四章……………	60	应用會話第四十八章……………	76
应用會話第三十五章……………	61	应用會話第四十九章……………	78
应用會話第三十六章……………	62	应用會話第五十章………………	79

官話華語教範（影印）………………………………………… 83

第一編　陪伴用例

這져
　一이個거人신
　個東둥西시
那나
　一個字쯔
　個燈영籠루
這
　一個月웨
　對되騾뤄子
那
　一位웨客커
　位先쎈生엉
這
　一口쿠鐘즁
　口飯빤鍋귀
那
　一口缸깡
　頭투騾子
這
　一首쏘詩싀
　副꿔機지器츼
那
　一眼얀井징
　副春츈聯롄
這

一尾웨牛누
副對되子
那
一頭蒜솬
副鈕누子
這
一條툐魚위
副環환子
那
一條龍룽
副綢츄緞돤
這
一條路루
領링席시子
那
一條狗구
架쟈廉〔簾〕롄子
這
一條綫쩬
塊쾌石싀頭
那
一團톤絲쓰
塊手쏘巾진
這
一本번書우

塊帕파子
那
　一套투書
疋피綢緞
這
　一部부書
床챵氈젼子
那
　一扇산門먼
床褥슉子
這
　一道도河허
件젼衣이裳썅
那
　一道橋쟌
件事의情칭
這
　一道紋원
套衣裳
那
　一隻긔牛
枝긔花화兒
這
　一隻긔鷄지
朵둬花兒
那
　一隻羊양
垛둬木무頭
這
　一隻船촨
粒리丸완藥야

那
　一隻手쓔
所쒀房얭兒
這
　一條腿퇴
處추房子
那
　一塊墨머
頂딩帽माо子
這
　一管관筆삐
頂轎쟈子
那
　一塊磚쫜
付얘丸藥
這
　一片폔瓦와
擔짠柴치火훠
那
　一張쟝餅빙
貼태膏까藥
這
　一塊薑쟝
貼金진箔째
那
　一塊布부
張桌줘子
這
　一張紙긔
張箋젠紙
那

一張弓궁
隻鴨야子
這
　一盤판條좌
　道口쿠子
那
　一枝笛듸
　道上諭유
這
　一枝簫쑈
　座쒀寶밮塔타
那
　一座쒀山산
根츤魚위竿깐
這
　一座廟먀
根竿깐子
那
　一座墳뿐
條凳쩡子
這
　一匹피馬마
　把째鎖쒀頭
那
　一匹驢뤼
　把째刀쌰子
這
　一杆갇槍챵
　把鏟찬子
那
　一杆秤칭

　把笤〔箚〕댜帚수
這
　一架쟈鷹영
　雙솽襪와子
那
　一架鐘
　隻眼얀睛징
這
　一個表뱌
　捲콴信신紙
那
　一尊쭌炮퍄
　軸쥬畫화兒
這
　一對되瓶핑
　張畫兒
那
　一雙鞋쎼
　雙靴훼子
這
　一本帳쟝
　根繩子
那
　一句쥐話화
　根츤鉛쳰筆
這
　一棵커樹수
　顆커珠쥬子
那
　一棵葱충
　顆圖투書수

這
　一捆쿤草야오
　串촨珠子
那
　一把傘싼
　串念넨珠
這
　一疋피布
　陣연大風펑
那
　一根草
　對椅이子
這
　一根籌처우
　本冊여子

那
　一輛량車처
　捆柴火훠
這
　一盞잔燈
　架房柁튀
那
　一場창雨위
　方팡硯옌台티
這
　一塊地띠
　副眼鏡징
那
　一筆錢
　對房柁튀

第二編　動詞用例

動詞用例第一章 둥쓰융리듸이장

吃츼
您닌吃飯앤了라? 당신 진지 잡수셧소?
我워吃過궈了。난 먹엇십이다.
喝허
您喝茶차罷바。당신 차 마십시오.
我不부喝了。난 먹지 아니ㅎ겟소.
抽쳐

您請칭抽烟옌。당신 담베 잡슈십시오.
我纔차抽了。난 고듸 ①먹엇십이다.
用융
請用點뎐 [뗀] 心신。과즈 잡슈십시오.
您請用罷。당신 잡슈십시오.
嘗챵
您嘗一이嘗。당신 맛보십시오.
我嘗過了。난 뭇보앗십이다.

動詞用例第二章

來리
他타沒메來麼마? 그가 아니 왓소?
他没來哪나。그가 아니 왓셰요.
走쭤
他走了麼? 그가 갓십잇가?
還하没走哪。아즉 안 갓셔요.
來리
他不부來麼? 그가 오지 아니홀잇가?

他不能넝來。그가 오지 못ㅎ옵이다.
走쭤
您닌不走啊아? 당신 가시지 안소?
我要야오走了。나가겟십이다.
去쳐
您不去麼? 당신 아니 가십잇가?
我可커不去。나는 가지 아니ㅎ오.

動詞用例第三章

走
您幾지月웨走? 당신 어느 달에 가십잇가?

我七치月走。난 칠월에 가옵이다.
去
去了幾位웨? 몇 분이 가십잇가?

---

① 고듸: 纔. 이제 막.

去了三싼位。세 분이 곳셰오.
走
您怎옌麽마走？당신 엇더케 가시오？
我起치早한走。난 륙로로 가옵이다.
來리

來了幾個거？몃치 왓십잇가？
來了五個。다섯시 왓십이다.
到쌰
多뒤咱잔到的？언제 온 것입잇가？
昨쒀天톈到的。어제 온 것입이다.

動詞用例第四章

走
您還히没메走阿아？당신 입듸 아니 가셧소？
我這저就쥬要야走。나 이 곳 가겟십이다.
到
一天톈走到麽？하로에 도달홈잇가？
一天走不到。하로에 도달 못ᄒ오.
走
要走着저去취麽？거러셔 가시랴 ᄒ십잇가？
走着很흔受쒀累레。거러셔는 미우 곤난히요.
回회
當땅天回來麽？당일 도라오십닛가？
當天回不來。당일 도라오지 못ᄒ오.
去
您没메去過궈麽？당신 못 가보셧습잇가？
我去過一趟탕。나 한 번 가 보앗지오.

動詞用例第五章

來
你늬來取취來麽？늬가 차지러 왓니？
我來拿나來了。늬가 가지러 왓소.
回회
他回家쟈去麽？그가 집에 갓느냐？
是예, 回家去了。네, 집에 갓셰요.
來
他來過了麽？그가 왓다 갓느냐？

他剛깡來過了。막 단여갓셰요.
走
走了會회子쯔了？간 지가 오릭냐？
剛走不遠왼兒얼。막 얼마 아니 갓소.
去
你去看칸看去。너 가셔 보고 오느라.
我去瞧챠瞧去。늬 가셔 보고 오리다.

第三編　前置詞用例

前쳰置치詞用例第一章

打짜
您닌打那나兒얼來？ 당신 어듸로셔①오시오？
我打家쟈裏리來。 난 집에셔 옵이다.
上썅
您上那兒去？ 당신 어듸를 가시오？
我上學쒜堂탕去。 난 학교에 가옵이다.
打

打那邊삔走啊？ 그리로 가십닛가？
打這邊去呀야。 이리로 가옵이다.
往왕
往那麼去취了？ 어듸로 가옵드가？
往西시北쎄去了。 셔북으로 가옵듸다.
從쭝
從小쌰路루去麽？ 小路로 갑드닛가？
從大따街졔跑파了。 大路로 다라납듸다.

前置詞用例第二章

往왕
他往這져麽머來麽？ 그가 이리로 옵닛가？
他往這麽來哪。 그가 이리로 오지오.
從
他從東둥京징來麽？ 그가 東京으로셔 옵닛가？
他從北쎄京來的。 그가 北京으로셔 옵이다.
由유
是由水쉐路來麽？ 이 水路로 옵느닛가？

說숴是씨의由鐵톄路來。 이 鐵路로 온다 흡듸다.
在쩨
可커在那兒上썅車처？ 어듸셔 차룰 타오？
在前쳰門먼上的車。 남문에셔 타는 차오.
從
從這져兒얼過궈去麽？ 이리로 지나 가옵닛가？
從南난門먼過去罷。 남문으로 지나가나 보오.

---

① -로셔: 打. -로부터.

前置詞用例第三章

解제
您解府부上來麽？ 당신 되으로셔 오십
닛가？
是의, 我解家裏來。네, 집으로셔 옵니
다.
上썅
您上那兒去了？ 당신 어듸를 가십닛
가？
我没上那兒去。나 어듸를 아니 가옵
이다.
到
到我這兒來麽？ 늬게 오셧십닛가？

到您這兒來了。당신게 왓십이다.
解제
解公공園裏走麽？ 공원으로 히셔 다님
닛가？
解公園완裏來了。공원으로 히셔 옵이
다.
從
從那個門走呢늬？ 어느 문으로 다닙닛
가？
都從後후門出추入수。모다 뒤문으로
출입ᄒ지오.

前置詞用例第四章

打
打那兒運윈來的？ 어듸셔 실어 온 것
이오？
打天津진運來的。텬진셔 실어 온 것이오.
起치
起天津買미來麽？ 텬진셔 사 오십닛
가？
起上海히辦뺀來的。상히셔 히 오는 것
시오.
到
販뺀到那兒去賣미？ 어듸로 히 가지고

가 파시오？
販到滿만洲쥬賣去。만쥬로 팔나 가오.
替틔
是誰쉐替您買的？ 이 뉘가 당신을 사
쥰 것시오？
有юу人신替我買的。뉘가 나를 사 쥰
것이오.
到
發앤到那兒去呢늬？ 어듸로 보늬십잇가？
寄긔到安안東둥縣쎈罷。안동현으로 부
치시오.

第四編　副詞用例

副얙詞用例第一章

早짬
您早來了。당신 발셔 오셧소.
剛깡
我是剛來。나는 막 왓심이다.
就쥬
他就來麼？그가 곳 옵잇가？
快
他快來哪。그가 인제 오지오.
最줴
今兒最早。오늘 그중 일소구려.

很흔
是, 早得很。네, 미우 일느옵이다.
快쾌
請快回去。어셔 가십시오.
慢만
慢点兒走。좀 천천이 가겟소.
怕파
怕下쌰雨위罷바。아마 비가 올가 보오.
太티
雨太勤친了。비가 너무 잣고료.

副詞用例第二章

都뚜
學쎼生영都來麼？학싱 다 왓소？
齊치
還没到齊了。아즉 죄다 오지 안엿소.
還히
還有來的麼？또 올 니가 잇소？
再쩨
再没來的了。다시 올 니 업소.
都
字쯔都抄챠好하麼？글시 다 볘겟소？
纔여

是, 纔寫쎼完완了。네, 인제야 다 써소.
該시
你該念녠一念。너 인제 읽어 보아라.
可
我可不能녕念。나는 읽지 못ᄒ겟소.
還
還不明밍白비麼？아즉도 몰느느냐？
大따
是, 不大明白。네, 아쥬 쪽쪽지는 못ᄒ여요.

副詞用例第三章

很흔
今兒天氣치很熱셔。오늘 일긔가 미오 더웁소.

頂딍
是, 頂熱的되天了。네, 제일 더운 늘임이다.

總쭝
您總没出츄門믄麼? 당신 도모지 츌입 업셧소?

竟징
我竟在家裏리了。난 집에만 잇셔십이다.

也예
總也没下쌰棋치去? 도모지 바둑도 두러 가시지 안엇소?

并삥
天熱并没上會회。늘이 더워셔 會에도 도시 아니 갓소.

必삐
你必有우去處추罷? 당신 필시 가신 데가 잇게지오?

所쒀
我所没出外왜去。난 과시 어듸 나가지 안엇소.

全촨
全都뚜没做줘活훠麼? 젼혀 도모지 헌 일이 업십잇가?

直즤
直閑쎈到今兒個。바로 오늘신지 노랏소.

副詞用例第四章

斷돤
斷斷没메有的話화。 단단이 업는 말이오.

好
好像썅撒싸謊황似쓰的。 가장 거짓말ᄒ는 것 갓지오.

慌황
不是閑得더慌麼? 너무 심심치 안소?

極지
實在是悶믄極了。

참말 몹시 각갑ᄒ오.

決궤
決不可游우閑쎈的。결코 놀 것슨 아니온다.

萬완
竟閑着져萬不行싱。놀기만 ᄒ여션 아조 못쓰지오.

更껑
到夏쌰天更不行。여름이 되면 더구나 못되지오.

多

是, 顯쎈着저多悶먼了。네, 더 답답ᄒ
여 뵈여요.
另링
您另打主주意이罷。당신 다시 쥬의를

ᄒ시오.
正쩡
我正想썅法에子哪나。난 변통ᄒ는 즁
이오.

副詞用例第五章

怎en麽마
他怎麽總没信兒? 그가 엇지 도모지
소식이 업소?
實의在
是, 實在奇치的很了。네, 참 미우 이상
ᄒ오.
一定띵
一定有甚en麽마毛마病삥。필연 무슨 흠
졀이 잇는게요.
大概게
大概是有點뎬緣완故꾸。아마 좀 싯닥
은 잇는 것이야요.
點兒
請您給게快點兒問원。당신 좀 속키 무
러 쥬시오.

已이經징
已經打發에人신去了。발셔 사람 보늬
엿소.
不用
那麽我不用去了。그러면 난 갈 것이
업소.
總得데
您總得再來一趟。당신 엇지던 한 번
더 오시오.
不該
您不該管꽌的管了。당신이 상관 아니
ᄒ 것을 샹[상] 관ᄒ엿슴이다.
一概
我是一概不知즤道땨。나는 죄다 몰낫
소구려.

副詞用例第六章

剛纔
剛纔您說워甚麽了? 앗가 당신 무엇시
라고 ᄒ엿소?
回頭투
回頭我再告까訴쑤你。잇다가 늬 다시
일느리라.
暫잔且체

暫且説워個大概罷。잠간 디강 말솜ᄒ
십시오.
現쎈在
現在没工꿍夫와説了。직금 말홀시 업소.
多咱짠
這是의多咱的事의情칭? 이거시 언졔
일이오?

早짤已이
那是早已的話了。그거는 발셔 말이오.

馬마上
馬上没有這個話？ 지금 이런 말 업십잇가？

脚쟈下
脚下這件젠事没了。지금 이런 일 업지요.

如수今진
到如今還没好麽？ 지금신지도 그 모양이오？

目무下
目下的光꽝景징很好。지금 형편은 믹우 됴치요.

第五編　形容詞用例

形ᄉᆡᆼ容융詞用例第一章

厚ᅘᆕ
您要ᅀᅣᆫ多뒤麼厚的？ 당신 얼마나 두터운 것을 달나시오？

薄바
我要薄點兒的。 난 좀 열분 것을 쥬시요.

大
多麼大多麼小쑈？ 얼마나 크고 언마나 젹읍딋가？

寬콴
這們먼寬, 這們長챵。 이러케 널고 이만콤 길읍듸다.

細의
還이有細的듸没메有？ 더 고흔 것이 잇소 업소？

粗추
都是這麼粗的。 모다 이러케 굴근 것이올시다.

賤젠
這個也不賤罷。 이것도 흔치 안치오.

貴ᆐ
是, 行항市의貴的很흔。 네, 시셰가 믹우 쎄삿오.

舊ᄌᆔ
這不부是의舊的麼？ 이게 무근 것이 아니요？

新신
新的還没興ᄉᆡᆼ哪。 싀것는 아즉 아니 낫소.

形容詞用例第二章

辣라
您닌能넝吃츼辣的麼？ 당신 믹온 것 잡슈시겟소？

酸쏸
我不愛이吃酸的。 난 신 것을 잘 먹지 안소.

淡딴
肉ᅀᅮ淡了再ᅀᅦ擱꺼鹽옌。 고기가 심거오니 소금를 더 쳐라.

鹹쎈
齁ᄒᆕ鹹了吃不得더。 너무 짜면 먹지 못ᄒᆞᆷ이다.

老랃
太틔老了不好ᄒᅶ吃。 너무 질긔여 먹기가 안되엿다.

嫩넌

嫩〔嫩〕了没有味웨兒얼。연ᄒ면 맛
시 업십이다.

沉쳔
那個太口쥐沉罷。그거이 너무 찝질홀
가① 보오.

輕칭
口輕還有味웨麽？ 짐짐히셔야 또 맛이
잇소？

苦쿠
您吃着저不苦麽？ 당신 먹으닛가 쓰지
안소？

甜텐
我吃着是很甜。난 먹으닛가는 믜우
단데오.

形容詞用例第三章

乏애
這個茶차太乏了。이 茶가 너무 싱거웁
다.

釅얀
往下釅点兒沏치。더 좀 독ᄒ게 타지
오.

濃눙
不行, 太濃糊후了。못쓰겟다. 너무 진
ᄒ다.

香썅
不用, 還很香哪。 고만히도 믜우 고슈
ᄒ오.

脆췌
這個吃着很脆。이거시 먹기에 믜우
물신홈이다.②

硬영
那個硬的很了。그거이 단단ᄒ기가 되
단ᄒ오.

熟쓔
没有熟透투的麽？ 아조 롱[통] 읽은
것 업소？

生싱
這樣양都是生的。이 모양으로 모다 서
은 것이오.

沉쳔
敢깐情칭是很沉了。그런 줄 몰나쎠니
이 쫴 무거웁소.

大
是嗎마？ 分앤量량太大。그럿소？ 근
량이 너무 만십이다.

形容詞用例第四章

冲츙
這個烟옌太冲了。 이 담벼가 너무 독
ᄒ구려.

淡딴

---

① 찝질홀가: 口沉. 음식 맛이 진할가. (짜거나 매움)
② 물신홈이다: 脆. 바삭합니다.

這不是淡的麼？ 이 심심흔 것이 아니오？

長챵
怎麼用這麼長？ 엇지 이러케 길게 쓰시오？

短돤
不是, 還희有短的。아니오, 또 짜른 것도 잇쇼.

高까오
他總有這麼高？ 그가 도모지 이러케 크시오？

矮이
是, 身션量량可不矮。네, 키가 젹지 안치오.

瘦쓔
瘦的可不合허式의？ 홀쪽ᄒ여셔는 맛지를 안십잇가？

肥뻬
說웨是肥的不行。널분 것는 못쓴다 합듸다.

窄지
窄一点還要얀麼？ 더 좀 좁게 ᄒ여다라십잇가？

寬콴
總是不要太寬。엇지던 너무 널부게는 마시오.

形容詞用例第五章

腥싱
那兒來的腥氣치？ 우엔 비린 닙시요？

羶싼
這是羶味웨兒罷。이 노린닉인가 보오.

近진
俟〔挨〕의着茅毛房ᅌᅡᆼ近麼？ 뒤싼이 갓갑십닛가？

遠왼
隔꺼在떼這兒不遠。녀기셔 머지 안케 잇셰오.

騷싼
所쒀以이有騷味兒。그릭셔 지린 닙시가 잇소구려.

臭쳐

這個有毒두, 太臭。이거이 유독히셔 닙시가 되단ᄒ오.

窪와
想쌍是地方窪罷。아마 지경이 깁푼 듯십소.

潮챠
是, 地方潮的很。네, 지경이 미우 습ᄒ여요.

好
於위衛웨生很不好。위싱에 미우 됴치 못ᄒ오.

臟ᅌᅡᆼ
是, 實在臟的很。네, 참 너무 드러워요.

形容詞用例第六章

胖팡
你比세從융前쳰胖多了。로형, 이젼보
다 디단이 퉁퉁ᄒ시오.

瘦쓔
那兒胖, 瘦的很了。왼걸 퉁퉁ᄒ여
요? 디단 말러지오.

區〔扁〕쪤
有읃這樣양區〔扁〕的没有? 이러케
납젹ᄒᆞᆫ 것이 잇소 업소?

圓완
有是有, 是個圓的。잇기는 잇는데 둥
근 것시오.

白볘
白的也不要야緊진哪나。흔 것도 관게
치 안십이다.

黑헤
那麽, 黑的好不好? 그러면 검은 것시
됴소 안 됴소?

多
多一點兒行싱不行? 좀 만아도 쓰겟소
못 쓰겟소?

少솨
不行, 少給게點兒罷。못써요. 조곰 쥬
십시오.

素쑤
可是我單쫀要素的。그런데 난 소로만
쥬시오.

葷훈
那兒還有葷的麽? 어듸 쏘 누린 것이
잇소?

形容詞用例第七章

深쎤
這道됴河허水쒜深不深? 이 강물이 깁
소 아니 깁소?

淺쳰
淤위上坭〔泥〕늬了水很淺。흙이 미
여셔 물이 믜우 엿틉이다.

笨뻔
這樣笨能넝做쭤甚麽? 이러케 둔ᄒᆡ셔
무엇슬 ᄒᆞᆫ단 말이오?

整쩡
爲웨得더是要用융整的。웨 그런고 ᄒᆞ
니 왼퉁으로 쓰쟈 것이오.

滑화
哎이呀야, 還是這麽滑。이야, 쏘 이러
케 믯스럽구려.

鬆쑹
這樣鬆木무頭뚜不行。이런 무른 나무
는 못써요.

歪왜
可커惜씨, 歪着一邊쪤了。악갑다, ᄒᆞᆫ 편
이 빗두러구려.

方양
四方的不大好着〔看〕칸。네모 반듯
ᄒᆞᆫ 것슨 보기 실탐이다.

緊진
太틔鬆了,捆쿤緊點兒。너무 허순ᄒ니① 밧삭 좀 묵구시오.

嚴얀
封펑嚴了,別볘透了氣치。단단이 봉ᄒ여 기음닉지 마시오.

形容詞用例第八章

結實제쒸
這個東西不大結實。이 물건이 별로 튼튼치 아는걸요.

乾깐净징
原완本뻔是也不大乾净。원본이도 별로 씨ᄉ긔지는 못ᄒ여요.

嬌嫩쟌넌
不錯,太嬌嫩不好拿나。올소, 너무 연약ᄒ여 가지기가 안되엿세요.

新鮮쎈
顔얀色에兒可不大新鮮。빗치 디단 고흡드는 못ᄒ구려.

漂퍄亮량
實在是漂亮的很哪。참이 미우 말슉ᄒ구려.

光꽝潤슌
怎麽能넝可以光潤呢? 엇더케 ᄒ면 윤틱ᄒ겟소?

輕칭巧챠 [챠]
跟끈紙즤似쓰的這麽輕巧。종의쳐럼 갑붓ᄒ오.

蠢츈笨쁜
這個還筭是太蠢笨。이것도 오히려 너무 둔ᄒ 셰음이오.

腌앙臟양
都腌臟了,還怎麽弄룽? 모다 더러와셔 ᄯ 엇더케 맨드르오?

便폔宜이
所쒀以價쟈錢쳰便宜些쎄兒。그릭셔 갑이 좀 쓰지오.

形容詞用例第九章

憋悶먼
屋우子쯔太小샨, 憋悶極지了。방이 너무 즉어셔 몹시 답답ᄒ여요.

粗옹重즁
那粗重的没地方擱쩌。그 크고 무거운 것슬 둘 데가 업셰오.

廠[敞]쟝亮
打開키橫쎠扇쏀就廠[敞]亮了。장지를 씌여 쓰면 곳 환ᄒ겟소.

妥퉈當땅
歸꿰他屋裏不妥當麽? 그의 방으로 몰면 둇치 안십잇가?

---

① 허순ᄒ니: 鬆. 느슨하니.

有德더
他不是有德的人哪。 그가 유덕흔 사룸이 아닌걸요。

老實
我看他爲웨人很老實。 나 보기는 그 위인이 미우 진실홉듸다。

糊후塗두
別說別說, 他真쩐糊塗。 말 마오, 말 마오, 그가 춤 흐리터분흐지요。

明白
没有没有, 他很明白。 업소, 업소, 그가 미우 쪽쪽흔데오.

軟완弱쒀
你說他像썅軟弱似的。 당신 말슴ᄒ시오, 그가 약흔 사룸 갓소。

健졘壯쫭
我想他也不大健壯。 난 그도 딕단 건쟝치는 못흔 듯ᄒ오。

第六編　動詞及打消話用例

動詞及打消쇼話用例第一章

叫쟈 不知
先生, 這個叫甚麼？ 션싱임 이것슬 무어시라고 흡잇가？
我不知道叫甚麼。 난 무엇시라고 흐는지 모르겟소.

做웨 不行
您請他來做甚麼？ 당신 그이를 오릭셔 무엇흐오？
做甚麼非헤他不行싱。 무엇슬 흐던 그이가 아니면 못써요.

辦빤 不能녕
您實在不能辦〔辦〕麼？ 당신 참 못 흐시겟십잇가？

我實在没力리量량辦〔辦〕。 난 참 흘 흠이 업셰요.

説워 不完완
他説多咱짠可以得더？ 그가 언제나 되겟다고 흡듸닛가？
他説一天做不完。 그가 하로에 다 못 흐겟다고 흡듸다.

辦 不動둥
怕是他辦不動罷。 아마 그가 흐지를 못흘가 보오.
没他辦不了랴的事。 그의 흘 슈 업는 일은 업십닌다.

動詞及打消話用例第二章

到쏘没到
時의刻커還没到了麼？ 시간 아즉 아니 되엿소？
還没到了, 欠五分퍤。 아즉 아니 되엿소, 오 분 젼이오.

得데 不了랴
來回得多大工夫？ 릭왕이 얼마 동안이나 되겟소？
過궈不了得兩량點鐘즁。 두어 덤 되기에 지닉지 안소.

有유 不是
他來有多少쌰日시子？ 그이가 온 지가 몃칠이나 되엿소？
不是有倆랴多月웨了？ 이 두 달이 덤 머되지 안엿소？

成청 不了랴
那件젠事成了没有？ 그 일이 되엿소 아니 되엿소？
一定띵是成不了罷。 일졍코 될 슈 업지오.

對되 不對
這話你説的對麼？ 이 말 노형 ᄒ 것이 올소?

這話你説的不對。 이 말 노형 ᄒ 것이 되지 안는 말이오.

動詞及打消話用例第三章

喝허 不得더
水쉬凉량了, 你喝不得더。 물이 ᄎ셔 먹지 못ᄒ오.
不大碍이事,我常챵喝。 일 업소, 난 늘 먹소.
開키 不了료
等뎡水開了就拿나來。 물 더웁거던 곳 가져오나라.
火훠太乏애了, 開不了。 불이 너무 곤ᄒ여 쓸치를 안소.
添톈 不用융
火훠太乏애了, 得데添了。 불이 너무 써물거리니 더 느어야겟소.

快쾌散싼了, 不用添了。 거진 파스홀 것슬 더 느를 것 업소.
點뎬 不着쟈
那個油여點不着麼？ 그 기름이 켜지지를 아니ᄒ오?
風펑太大, 點不住燈뎡。 바람이 너무 되단ᄒ여셔 등불이 켜잇지를 안소.
冷렁 不了료
往왕下쌰冷不了了罷？ 다시는 츄웁지 안케짓오?
説不定뎡還冷不冷。 또 츄올지 아니 츄올지 알 슈 잇소.

動詞及打消話用例第四章

用 不了료
您要用多少錢쳰哪？ 당신 얼마 돈이나 쓰시랴고 ᄒ오?
我用不了료多少了。 나 얼마 아니 쓰겟소.
花화 不過궈
錢花在甚麼地方？ 돈을 엇다가 쓰시오?
不過是零링碎쒜花了。 불과시 잔용이지오.
買미 不敢깐
您真쪈不會회買東둥西시。 당신 참 물건

살 쥬를 모르시오.
所以我不敢多買。 그리셔 늬가 만이 사지 못ᄒ엿소.
用 不着쟈
用多뒤少쌰人신可커行呢？ 얼마 사롬이나 쓰면 가이① 되겟소?
用不着許쉬多的了。 허다이 쓸 것시 읍소.
買 不着쟈
總得데買的不怕貴쿠에。 엇지던 살 것이니 빗산 것두렵지 안소.

① 가이 (可以):可行. 할수 있다.

這個價쟈兒買不着。이 갑셰 사지 못ᄒ지오.

動詞及打消話用例第五章

裝좡 不下샤
一隻즤箱썅子裝得더下麼？ ᄒ 짝 상즈에 담기겟소？
這些졔個怕파裝不下罷。이 열어시 아마 담기지 못ᄒᆞᆯ가 보오.
量량 不彀꿔
量一量有多少尺츼寸윤。몃 자이ᄂᆞ 되겟나 지여 보시오.
量了不彀二十多尺。지이닛가 이십여 쳑이 못되오.
醮쟈오 不得
醮上点兒水擦에―擦。물을 좀 뭇쳐셔 흠치여라.

擦玻쎄璃리醮不得더水了。유리 닥는데는 물 뭇치지 못ᄒ오.
挪눠 不開
把쟈桌쥐子ᄯᅳ挪開一點兒。사션상을 좀 비키여 노으시오.
釘찡着一塊꽤挪不開了。한테 빅켜셔 비키여지지를 아니ᄒ오.
拔쌰 不來
那麼拔起釘子來罷。그러면 못을 쎄여 닉여라.
釘得더結實, 拔不出추來。박기를 단단이 ᄒ여셔 싸지지를 안소.

動詞及打消話用例第六章

猜채 不着쟈오
您猜這是誰쉐的相썅片펜？ 당신 아러닉시오, 이거이 뉘 사진이겟소？
我猜不着是誰的像썅。난 뉘 사진인지 아러닉지 못ᄒ겟소.
想썅 不起치
您再細시細兒想一想。당신 다시 자셰 자셰 싱각ᄒ여 보시오.
我簡젠真〔直〕즤的想不起來。난 아조 싱각이 나들 안소.
找쟈오 不着쟈오
找他們去找着져了麼？ 그드를 차져가

더니 차졋소？
連롄一個人都뜌找不着。ᄒ나토 차지 못ᄒ엿십이다.
撩랴오 不下
這把쟈傘앤怎麼撩不下？ 이 우산이 엇지 닷쳐지지를 안소？
不要硬영撩了, 看壞해了。억지로 닷지 마시오, 망거지리다.
用 不着쟈오
您用不着尋신給께我點。당신 안이 쓰시면 ᄂᆡ나 좀 쥬시구려.
我没用處추, 你拿나去罷。난 소용업쓰니 너나 가저가거라.

第七編　助詞用例

助주詞用例第一章

是시 는
貴學쒜堂是甚麼學堂？ 귀학교는 무슨 학교오닛가？
敝쎄學堂是東동語위學堂。 폐학교는 동어학교올시다.

也예 도
日시語也有唇춘齒츠音인麼？ 일어도 순치음이 잇십닛가？
日本쎈話也是這樣難난。 일본말도 이거시 어려와요.

倒똰 은
字쯔倒不是很簡젠明麼？ 글즈는 미우 간단ᄒ지 안소？

口音倒没有混훈雜짜的。 구음은 혼잡홀 거시 업지요.

爲웨 히
那麼爲甚麼費페事呢？ 그러면 무얼 노히 어렵소？
就是爲文원法에耽딴誤우哪。 곳 이 문법으로 히 지체지요.

和히 과
没四聲성和輕칭重즁音麼？ 스셩과 경즁음은 업소？
有四段똰和清칭濁줘的音。 스단과 청탁의 음이 잇지요.

助詞用例第二章

着저 셔
湊처着零링碎쒜話散싼學쓔的。 자질구려혼 말을 모아서 산학이오.
抄챠着眼얀面몐前쳰兒先쎈學。 힝용 쓰는 거툴 쌉아서 먼져 비옵이다.

使의 로
使鉛첸筆삐寫쎄不是快麼？ 연필로 쓰면 속ᄒ지 안소？
使毛마筆寫可就没錯。 모필로 쓰면 은 트리미 업지요.

再의 고
先念散話，再念甚麼？ 먼져 산화 비오고 다시 무엇슬 비오？
先念這個，再念會話。 먼저 이것 비오고 쏘 회화 비오지오.

拿나 로
拿日시本話翻삔意이思쓰麼？ 일본말로 쯧슬 번력ᄒ오？
拿朝챠鮮話翻譯이講장罷。 됴션말로 번력ᄒ여 식이지오.

許쉬 듯
那麼辦許辦的成청罷。 그러케 ᄒᆞ면 될
듯ᄒᆞ오.

這麼學훼就許學得더成。 이러케 비오
면 될 듯십지오.

助詞用例第三章

但짠 샨
教죠師의就但您一位웨麼？ 교사가 당
신 단 흔 분샨이오닛가？
不但我，還有兩량位哪。 나샨 아니오，
또 두 분이 잇지오.
還히 도
如今還招죠學훼生不招？ 요뎜도 학싱
모집ᄒᆞ오 아니ᄒᆞ오？
現在還招補부缺훼的了。 직금도 보결
싱 모집ᄒᆞ지오.
若쉬 면
若學쌰幾지年녠可以會說워？ 몃 히나
비오면 가이 말홀 슈를 알겟소？

若是聰웅明，一年就行。 총명ᄒᆞ면 일연
이면 되지오.
光꽝 만
光教話，還有文원典뎬麼？ 맨말만 비
오 또 문뎐도 잇소？
光念書우，没別的事罷。 글만 비오지
다른 일은 업지오.
看칸 다
您請罷，看誤우了ᄅᅸ上學。 당신 가십시
오, 상학 느지리라.
請快辦，看誤了機지會。 속키 ᄒᆞ십시
오. 긔회 놋치리다.

助詞用例第四章

和히 와
你和他怎麼商썅量량的？ 당신 그이와
엇더케 상의홀 것이오？
我和他這麼定띵規웨的。 난 그이와 이
러케 작정ᄒᆞ엿소.
的 의
他的吃穿촨是誰家管꽌？ 그의 먹고 입
는 거는 뉘가 당ᄒᆞ오？

他的花費是自쯔己긔管。 그의 용①은 자
긔의 ᄌᆞ담이지오.
但짠 만
就是但換환了合허同퉁了。 곳 이 게약
셔만 박구엇소.
就是但改ᄭᅨ了日子了。 곳 이 날짜만 곳
쳐십이다.
跟ᄭᅳᆫ 과

---

① 용: 花費. 비용.

那麼跟從_쭁前_쳰一樣麼？ 그러면 이젼과 못찬가지오？
不錯, 跟頭裏一個樣。 그러치오. 압셔과 혼가지지오.
竟_징 만

您是竟續_쉬假_쟈不銷_쑈假？ 당신은 휴가만 느리시고 休假가 다 되지 안엇소？
我就是竟請展_쟌展限_쎈。 나는 이 흐만 무리기로 쳥흐엿소.

助詞用例第五章

把_쩨 을
把我的話告_까訴_수他罷。 나의 말을 그의게 일느시오.
把您的話告訴他了。 당신의 말을 그의게 일너십이다.
叫_쟈 게
叫誰引_인誘_유這麼糟_쌰啊？ 뉘의게 쇠여셔 이러케 못되엿소？
叫他引誘纔學壞_해的。 그의게 쇠여셔 못된 것슬 비왓셧오.
纔_얘 야
給你怎麼辦纔好呢？ 당신을 엇데케 흐여 쥬어야 둇겟소？

替_틔我這樣說纔行了。 나룰 이러케 말삼흐여 쥬셔야 쓰겟소.
用 로
用甚麼話推_퇴辭_쓰他呢？ 무슨 말로 그이룰 거졀흔단 말이오？
用這個話搪_탕托_퉤他罷。 이 말로 그이룰 방식흐십시오.
叫 로
你可別_쎄叫我丟_뚀臉_롄哪。 당신는 날로 모양 사나웁게 마시오.
我焉_옌敢叫您找_쟈腦〔惱〕_뇨呢？ 늬 엇지 감이 당신으로 노엽게 흐겟십잇가？

助詞用例第六章

和 안테
您和他打聽了沒有？ 당신 그의안테 알어 보셧소？
我和他問_원了個大槪。 늬 그의안테 디강 무럿소.
在 에셔
你在那兒遇_위見_쪤他了？ 여보 어듸에셔 그룰 못낫소？

我在衙_야門看見他了。 늬가 말에셔 그룰 보앗소.
到 신지
沒說到這一層_청了麼？ 이 조건까지는 말삼 아니흐셧소？
也提_틔到那一節_졔兒了。 그 조건신지도 말흐엿십이다.
據_쥐 로는

據他說誰不講쟝理리呢？ 그의 말로는
뉘가 경우 아니라고 ᄒᆞ오？
據他說自己還有理。그의 말로는 그린
도 자긔가 올타 홉듸다.
依이 에는

依(在)你說孰수是의孰非에？ 로형 말
에는 뉘가 올코 뉘가 틀이오？
依(在)我看難난兄쓩難弟듸。나 보기에
는 비슥 갓십듸다.

助詞用例第七章

跟 안테
你跟他賠페個不是罷。여보 그의안테
잘못ᄒᆞ엿다고 ᄒᆞ시오.
我跟他告꼬甚麼罪웨呢？ 늬가 그의안
테 무엇슬 잘못히다고 ᄒᆞ오？
憑핑 던지
憑誰好歹듸, 你得讓샹他。뉘가 올코
그르던지 노형이 그의게 지시오.
憑他是誰, 我不介제意。그가 뉘구던지
나난 기의치 안소.
越웨 슈록
怎麼越勸콴越不聽팅呢？ 엇지 권ᄒᆞᆯ슈
록 듯지를 아니ᄒᆞ오？

實在是越想越可氣치。참 싱각ᄒᆞᆯ슈록
분홈이다.
往 으로
他都往你跟前推퇴麼？ 그가 모다 로형
압으로 미럿소？
都往我身옌上推不怕。모다 늬 몸으로
미러도 구렵지 안소.
等ᄃᆡᆼ 거던
等我打聽着你再來。늬 아러 보거던
노형 ᄯᅩ 오십시오.
等您有信신我再來罷。당신 소식 잇거
던 늬 ᄯᅩ 오리다.

助詞用例第八章

照쨔 ᄃᆡ로
全照着他的話辦麼？ 던혀 그의 말ᄃᆡ
로 ᄒᆞ십닛가？
是, 照樣兒買給他罷。네, 그 모양ᄃᆡ로
그를 사셔 쥬시오.
由 으로
由郵ᄋᆞ便뼨局쥐寄지來的麼？ 우편국으
로 붓쳐셔 왓소？

由銀옌行힝兒匯회兌來的。은힝으로
환붓쳐 왓소.
連롄 신지
連帶費都在其치内네麼？ 가져온 부비
신지 모다 그 속에 드럿쇼？
連匯회水都筭在裏頭。환비신지 모다
그 속에 잇는 셰음이오.
按안 ᄃᆡ로

按着分에量兒筭錢麼? 근량딕로 돈을
처 밧슴잇가?
按着錢數우兒扣쿠匯水。돈 슈효딕로
환비을 제ᄒᆞ지오.
帶져 신지

他們還帶賣洋양貨훠麼? 그드리 ᄯᅩ 양
화신지 파옵닛가?
沒聽見他帶辦雜여貨。그가 잡화신지
파다는 것는 못 드럿소.

助詞用例第九章

着 면셔
咱ᄭᅡ們說着話兒喝酒쥬。우리 말ᄒᆞ면
셔 슐 먹읍시다.
好, 咱們喝〔喝〕着酒講쟝話。둇소,
우리 슐 먹으면셔 이야긔ᄒᆞᆸ시다.
隨쒜 딕로
您可以隨說隨寫麼? 당신 가이 말ᄒᆞ
는 딕로 쓰시겟소?
可以, 甚麼都隨您便뼨。네, 무어던 모
다 당신 편홀 딕로 ᄒᆞ시오.
論룬 으로
論碗완論瓶핑都一樣麼? 딕졉으로나
병으로나 다 갓소?

論斤진論壺후都差차不離리。근으로나
호로나 거지 반ᄒᆞ지오.
再 고셔
總得데吃了飯再說麼? 엇지던 밥 먹고
셔 말슴ᄒᆞ릿가?
務우必用過飯再走罷。아모조록 진지
잡슈고셔 가십시오.
任신 던지
任那兒都不要去了。어듸던지 다 가
기 실십닛가.
任甚麼都不愛이幹션了。무어시던지
다 ᄒᆞ기 실소이다.

第八編　連續詞用例

連續詞用例第一章

可是 는데
我說웨是說上來, 可是還說得더不好。
　나는 말을 ᄒᆞ여 ᄂᆞ기는 ᄒᆞ는데 아즉
　ᄒᆞ기를 잘은 못ᄒᆞ오.
我知道是知道, 可是不大詳쌍細시야。
　나는 알기는 아는데 아조 ᄌᆞ셰치는
　못ᄒᆞ옵이다.
任신憑핑 던지
任憑陰인天晴칭天, 他總不愛의在家
　裏。흐린 놀이던지 킈인 놀이던지
　그가 도모지 집에 잇기를 죠아 안
　소.
任憑您箏多少錢, 東西可要好的。당
　신 돈은 얼마를 밧던지 물건은 됴은
　것스로 쥬시오.
并삥且체 ᄒᆞ고
他是不但口音好, 并且說得很脆췌。그
　이는 구음만 됴롤 쑌 아니고 ᄯᅩ 말

ᄒᆞ는 것이 것침이 업소.
他原來是聰웅明, 而且又很愛用功。그
　이는 원릭 총명ᄒᆞ고 ᄯᅩ 믹우 공부ᄒᆞ
　기를 됴아ᄒᆞ지오.
又又 고도
這個東西買的不錯, 又好又便편宜이。
　이 물건은 관게치 안케 샷소. 됴코
　도 ᄯᅩ 싸옵이다.
這桃뾰兒眞熟透了, 又甜又有水兒。이
　복사는 참 잘 읽어셔 달고도 ᄯᅩ 물
　이 잇구려.
勿〔不〕論 던지
勿〔不〕論學쌰甚麼本事, 不用心就不
　行。무슨 지조를 빅오던지 마음을
　쓰지 안으면 못쓰지오.
不論辦甚麼事, 總得自己有主意。무슨
　일을 ᄒᆞ던지 엇지던 즈긔 쥬의가 잇
　셔야 ᄒᆞ지오.

連續詞用例第二章

倘탕或훠 거던
倘或我赶깐不回來, 你們就先走罷。혹
　닉가 밋쳐 못 오거던 노형들 곳 먼
　져 가십시오.
倘或赶不上, 咱們等〔等〕下趟車쳐再

走。혹 못 미치거던 우리 다음 차
　긔듸려 가십시다.
不管 던지
不管他們來不來, 就按着規궤矩줘辦。
　그들이 오던지 아니 오던지 곳 규칙

되로 ᄒᆞ시오.
不管你去不去, 我是不能不去的。 너는 가던지 아니 가던지 나는 가야만 ᄒᆞ겟다.

雖쒜然산 만도
他雖然不說我, 我自己不害히臊쏘麽? 그가 ᄂᆡ게 말은 아니ᄒᆞ지만도 ᄂᆡ가 붉그럽지 안소?
話雖是這麽說, 叫他辦就辦不到。 말은 이러케 ᄒᆞ지만도 뎌더러 ᄒᆞ라면 못ᄒᆞ지오.

不拘쮜 던지
若是除ᄋᆔ了我, 不拘是誰肯컨讓샹你呢? 만일 나말고야 뉘구던지 잘 네게 양보ᄒᆞ겟니?
不拘到那兒去說都是不怕你的。 어듸 가셔 말ᄒᆞ던지 모다 너는 두렵지 안타.

連帶 히셔
連學쒜帶費예一個月通퉁共궁花多兒錢? 학비와 부비까지 히셔 ᄆᆡ월 통얼마나 쓰시오?
連他帶我差차不多有五十來塊錢。 그와 나까지 히셔 거진 ᄒᆞᆫ 오십 원 돈 되지오.

連續詞用例第三章

既긔然산 쓰면
你既然拿定主意, 怎麽又反ᅋᅢᆫ覆ᄋᆕ呢? 즈네 임이 주의를 잡아 쓰면 엇지 ᄯᅩ 반복을 ᄒᆞ나?
您既是應영承쳥了, 總得給他辦成了。 당신 임이 허락ᄒᆞ셧스면 엇지던 그를 되도록 ᄒᆞ여 주오.

一就 만면
現在還不要緊, 一到下月就熱了。 즉금도 오히려 관게치 안소. ᄃᆡ월만 되면 곳 덥을 터이오.
只긔要有人給他們一說合就行了。 다만 뉘가 그들을 화ᄒᆡ만 시켜 쥬면 곳 쓰겟소.

所以 잇가
他是最쒜討됴人嫌쎈, 所以人都遠완着他。 그는 가장 남의 실임을 ᄭᅵ치닛가 남들이 모다 그를 멀이ᄒᆞ지오.
不是, 他沒有用處, 所以把他辭쓰了。 안니에오. 그가 소용이 업쓰잇가 그를 보낸 것이오.

因爲 히셔
因爲這件事白費예了半天的工夫。 이 일로 히셔 공연이 반나절 시간을 허비ᄒᆞ엿소.
因爲推퇴托퉈不開, 所以我纔應承了。 청탁다 못히셔 그ᄅᆡ ᄂᆡ가 바야으로 허락을 ᄒᆞ엿소.

趁쳔着 어셔
趁着他沒看見, 快快兒的藏ᄧᅡᆼ起來。 그

이 보지 안어셔 쌔리 쌔리 감추어라. 趁着天没下起雨來, 赶緊回去罷。비 쏘다지지 안어셔 쌔리 도라가시오.

連續詞用例第四章

與위其치 진된
與其這麽閑着, 還不如수下棋치去哪。이러케 놀진된 오히려 바둑 두러 가니 만도 못하오.

與其這麽遮저掩엔, 索쒀性셩簡直즤的説罷。이러케 음치홀진된 찰아리 바로 말ᄒ시오.

反앤 倒 고셔
你自己辦錯了, 反倒抱뽀怨원別人麼？ 늬가 잘못ᄒ고셔 도로혀 남을 원망ᄒ느냐?

你還不肯컨快認신不是, 反倒使性셩子。 늬가 그리도 얼핏 잘못ᄒ엿다 잘 안코셔 도로혀 셩미를 부리니.

果궈然샨 더니
人都説你性急, 果然你真쪈性太急지。 사ᄅᆷ이 모다 네가 셩미가 급ᄒ다 ᄒ더니 과연 참 네가 셩식이 급ᄒ고

나.
你不聽我的話, 果然鬧냐出事來了。네가 늬 말을 듯지 아니ᄒ더니 과연 일을 늬엿고나.

況쾅且 거든
他連弟의兄쓩都不知道, 況且朋友呢。그는 형뎨ᄭ지도 모르거든 ᄒ믈며 친구겟소.

在行힝的還不大明白, 況且外왜行힝呢。 익슉ᄒ 이도 오히려 몰으거든 셔투른 사ᄅᆷ이겟소.

敢情 쩌니
我當쌍是誤了時刻, 敢情天還早哪。난 시간이 느진 쥴노 알어쩌니 날이 아즉 일소구려.

我當他是朝鮮人, 敢情是中國人。난 그가 됴션사ᄅᆷ으로 알어쩌니 즁국 사ᄅᆷ이로구려.

連續詞用例第五章

想必 쏠듯
我想他必回去, 怎麽今兒還没走哪？ 난 그이가 갓슬 듯ᄒ데 엇지 오늘도 엿틔 아니 갓소?

我看大家都笑쏴, 我想必話是説錯了。 늬 여러시 모다 웃는 거슬 보닛가

늬가 말은 잘못히쓸 듯십푸오.

應영該끼 텐데
今兒他應該有個信, 怎麽不見來呀？ 오늘 그이가 소식이 잇슬텐데 엇지 오드를 안소?

他不應該這麽辦, 實在是奇怪꽤的很。

그가 이러케 아니홀텐데 참 미우 이상홈이다.

固슈然 지만

他本事固然是有, 無奈ᄂᆡ他人品편太輕了。 그가 ᄌᆡ됴는 잇지만 그러나 그 人品이 너무 가비여와셔.

這個還得데用, 固然得데買, 就是錢不方便벤。 이것도 쓰게 되미 샤야 ᄒ겟지만 곳 이 돈이 어렵소구려.

至의於 에는

至於這賠ᅖ款一層我萬不能應承的。 이 돈 물나는 이 됴건에는 난 아조 허락 못ᄒ겟소.

至於您賠不賠這一節, 我不敢干預。 당신이 물고 아니 무는 이 됴건에는 난 간예 못ᄒ겟소.

不至 드는

他的病雖說是很重, 總不至於要命。 그의 병이 비록 미우 즁ᄒ다고는 하지만도 엇지던 죽드는 안으리다.

若是交給他辦, 決졔不至於給辦錯了。 만일 그의게 밋긔여 홀 것 ᄀᆞᄐᆞ면 결코 잘못히 쥬드는 아니ᄒ리다.

第九編　應用會話

应用會話第一章

您닌貴꿰姓싱? 당신 姓氏가 뉘십잇가?
賤젠姓王왕。 늬 姓은 王가올시다.
您台티甫우? 字啣은요?
草쌒字쓰希시泰틔。 字는 希泰올시다.
貴處추? 貴處는 어듸십잇가?
敝폐處北京。 敝處는 北京이올시다.
恭꿍喜시? 職業은요?
當差치使의。 벼슬 다님이다.
貴衙門? 어느 衙門이오?
是教꺄育위部부。 네, 敎育部올시다.
貴前程청? 무슨 벼슬이십잇가?
是會꿰計지科커主주事。 네, 會計科主事
　올시다.
您貴庚껑了? 당신 年歲는요?
今年三十의二。 今年 三十二歲올시다.
貴昆쿤仲중幾位? 몃 兄弟십닛가?
弟兄쓩三個。 三兄弟올시다.
您居쥐幾? 당신이 몃지십닛가?

我行항二。 늬가 둘지올시다.
您跟끈前幾位令령郞랑? 당신 子弟가
　 몃치오?
三個小쌰兒。 얼인 것이 세시올시다.
大世의兄今年多大了? 큰 子弟는 今年
　 몃 살이오닛가?
今年纔째九歲쒜。 今年에 겨오 九歲임
　다.
没念녠書우麽? 글 안이 읽습잇가?
還没哪, 打筭過年念。 아즉 아니 읽습
　이다. 來年에 읽으랴고 홈이다.
二世兄幾歲了? 둘지 子弟는 幾歲오?
五歲。 五歲올시다.
還有小姐저[졔]麽? 또 짜임도 잇습닛가?
有一個女뉘孩히兒。 쭐 ᄒᆞ나 잇습이다.
您真是有造짜化화的了。 당신은 참 福
　力 잇는 이올시다.
托퉈您福왜罷。 당신 德分이올시다.

应用會話第二章

你늬姓싱甚麼? 네 姓이 무어시냐?
我姓金진。 늬 姓이 金哥올시다.
你叫甚麼啊? 네 일홈은 무어시냐?
我名叫魁꿰東。 일홈은 魁東이올시다.
你幾歲쒜了? 너 몃 살이냐?

我九歲了。 난 九歲예오.
你家裏都有甚麼人? 너의 집에 모다
　누구 누구 잇느냐?
有我爹데, 有我媽마, 還有我爺예爺和奶
　늬奶。 우리 父親 잇고, 우리 母親 잇

고, 또 우리 祖父와 우리 祖母가 게셰요.
你們哥ㄱ兒幾個？ 너이들 몃 兄弟ㅣ냐？
我們哥兒倆라. 우리 兄弟올시다.
還有姐姐麼？ 또 妹氏가 잇느냐？
没有姐妹메. 누이 업셰요.
你是第듸幾啊？ 너는 몃지냐？
我行항大. 닉가 맛지예요.
你的兄弟多大了？ 너의 아오는 몃 살이냐？
我兄弟纔九個月. 닉 아오는 인졔 九朔 되엿셰요.
會走不會走？ 거를 쥬룰 아니 몰느니？
不會, 剛會爬파. 몰나요, 계우 긔룰 줄

아러요.
你念書了没有？ 너 글 비오니 아니 비오니？
念哪. 읽거요.
多咱上的學혜？ 언제 入學ㅎ엿니？
今年春춘天. 今年 봄에요.
你父ㅇ親친現在有甚麼事？ 너의 父親는 즉금 무엇슬 ㅎ니？
在領링事府ㅇ當差使. 領事舘 벼슬 단여오.
啊, 你在這兒玩완罷. 아, 너 여긔셔 노르라.
是. 네.

应用會話第三章

前兒我給您請安안去, 正遇위您納나公공出츄, 所以留류了個名片펜在府ㅇ上, 我就回來了. 您看見了没有？ 再昨日에 닉가 老兄게 問安을 갓다가 正히 老兄의 볼일 보러 나가심을 맛나 名啣을 宅에 두고 왓더니 老兄 보셧십잇가 못 보셧십이가？
啊, 失의迎영失迎, 今兒我特터來謝步부. 아, 失禮가 되여셔 오늘 닉 特別히 回謝ㅎ러 왓십이다.
您實在多禮리了, 那天我到府上天也就晚완了, 所以我赶깐緊的就回來了. 老兄은 참 너무 禮節이 만으십이다. 그놀 닉가 宅에 가기를 놀도 곳 늦

고 ㅎ닛가 쌔리 도라왓십이다.
本來我没打筭出門, 就怕是有客커來, 偏펜巧챠我們舍여親上這兒來了, 再三再四的約혜我出去, 我又不好固구辭쓰, 那兒想到我纔走, 您就來了, 實在失의迎영的很了. 本來 닉가 出入홀 預筭을 아니ㅎ기는 곳 손님이 오실가 념녀홈이러니 공교이 우리 사돈이 여긔를 왓다가 再三再四 나를 나가자고 請ㅎ고 나도 또 固辭ㅎ기가 아니 되여셔 나갓더니 왼걸 닉가 막 나가자 老兄이 곳 오실 쥬룰 想覺ㅎ엿습잇가？ 참 못 맛나 뵈와셔 안이 되엿십이다.

那兒的話呢, 我也是前兒個纔得더工夫, 所以到您府上問侯〔候〕후去, 不想去的不虔쳰誠졍, 赶上您没在家。千萬에 말숨이올시다. 나 亦是 그젓게야 겨우 틈을 어더셔 老兄宅에 問候를 간 것이 想覺 아니ㅎ 가기를 精誠치 못ㅎ여 老兄이 宅에 기시지 아니홈을 뭇나십이다.

噯이, 那天實在勞로您的駕쟈了。이 그늘 참 노형 멍에를 슈고로이 ㅎ엿십이다.

应用會話第四章

這一位是誰쉐? 이분은 뉘십닛가?
是我們先生。네, 우리 先生이올시다.
怎麼稱청呼후? 뉘 되이신가요?
姓陳쳔。陳氏예요.
這位就是北京官관話漢한語위講쟝習시會회會長쟝陳國귁棟둥先生麼? 이분이 漢語講習會長 陳國棟 先生이임꽈?
是。그럿소.
您給我們引엔見引見。당신 우리 인ㅅ식키여 쥬십시오.
您二位見一見, 這位是范뻔佑유李先生。두 분 인ㅅㅎ시요, 이분는 [은] 範佑李先生이임다.
啊, 久쥬仰양久仰。聲華는 오릭 듯잣와십이다.
彼페此쯔彼此。彼此업십이다.
這是我的名片, 請您惠회存쫀。이거는 닉의 名啣이오니 두십시오.
我是没帶띡名片, 不恭꿍的很了。나는 名啣을 아니 가져셔 딕단 失禮올시다.

那兒的話呢, 我早就聽趙쟈先生提틔過您納, 老没會過, 今兒幸싱得더會面몐, 實在是有緣왼哪。천만에 말숨이올시다. 나는 발셔 趙先生이 당신 말숨ㅎ심을 드럿스나 늘 보닌 적이 업더니 오늘이야 다힝이 뭇나 뵈오니 참 이 緣分이 잇십이다.

您過愛了, 不要客氣치, 咱們多談딴談罷。당신 너무 사랑ㅎ심이다. 스스러 마옵시고 우리 만이 이익긔ㅎ십시다.

您到敝國幾年了? 당신 敝國에 오신 지 몃 히오닛가?
我到貴國四年了。나는 貴國에 온 지가 四年이올시다.
您公꽁館관在那兒? 당신 舍舘이 어딕 십잇가?
好說, 我在敝國會館裏住着哪。됴흔 말슴이올시다. 나는 敝國 會館에셔 留ㅎ옵이다.
我改게天必要到貴寓위望왕看您去。닉 다른 늘 貴舘으로 보이러 가겟십이다.
不敢勞您駕。枉臨ㅎ실 슈 잇십잇가?

該當的。으레입지오.

应用會話第五章

您納貴姓? 당신 뉘 되이십잇가?
豈敢치잔, 賤姓李。您怎麽稱칭呼? 엇지 감이 賤姓은 李가올시다. 당신는 뉘신지오?
我姓鄭졍。您府부上在那兒住? 나는 鄭哥올시다. 당신 宅이 어듸십잇가?
舍사下在前門外왜頭。내 집은 北京南大門 박긔올시다.
在那衙門恭喜시? 당신 언의 衙門에 벼슬ㅎ심잇가?
我在陸루軍군部부當差치使의。나는 陸軍部 벼슬홈이다.
咱們倆라雖쒜然沒會過, 我瞧쵸着很面善싼, 彷팡佛부在那兒見過似쓰的。우리가 뵈온 젹은 업쓰나 나는 보기에 미우 낫치 읽어셔 어듸셔 보인 듯ㅎ옵니다.
可不是麽。글셰오.
哦어, 我想起來了, 您是李二爺에罷? 어, 늬가 想覺나옴이다. 당신은 이 둘지 李書房임이시지오?
好說您納, 您怎麽知道? 됴흔 말숨이 올시다. 당신 엇지 아십잇가?
您忘왕了咱們那一年, 在趙子쯔川촨先生那兒見過麽。당신 이지셧소? 우리가 언의 히에 趙子川先生계셔 뵈와짓요.
是, 是, 我也想起來了, 您不是鄭大爺麽? 네, 네. 나도 想覺이 낫임다. 당신이 큰 鄭書房임 아니신가오?
對了, 咱們哥倆, 自從那時候〔候〕兒見過一面, 直즤到今兒個有十幾年了。올소. 우리 두리 그쩌 흔 번 맛남으로브터 곳 오늘늘신지 十餘年이 되엿소구려.
可不是麽, 有十幾年了, 所以我見您就不敢認신了。 그러코말고요. 十餘年이나 되닛가 늬가 兄을 보고 敢히 아린 체를 못ㅎ엿십이다.
您多咱得더閑, 請到我那兒坐워坐。 당신 언졔 틈 어드시거던 늬게 노로오십시오.
是, 等〔等〕底듸下我有工夫兒, 必要望왕看您去。네, 이담에 틈 잇스면 뵈이러 가겟십이다.

応用會話第六章

打了鐘쭝了, 進진敎堂去罷。鍾, 첫소敎堂으로 드러가시오.

學生都來了麽？ 學生 다 왓소？

還沒到齊了。 아즉 죄다 오지 안엿소.

書拿過來麽？ 冊 가져왓소？

在桌줘子上和考과勤친薄〔簿〕부一塊兒擱꺼着哪。四仙床 우에 出席簿와 흔테 노엿소.

書都打開, 念녠到甚麽地듸方빵了？ 冊 다 펴시오. 어듸신지 읽엇소？

今兒念的是第六章。오늘 읽을 것는 第六章이올시다.

念這一課커行不行？ 이 一課을 다 비오면 되겟소 못되겟소？

太多了, 勾원着兩天念罷。너무 만느니 兩日에 갈너 비옵시다.

這是很容易的了。이거이 믹우 容易흔 것시오.

今兒這一章太難, 實在不容융易이曉쌀得더. 오늘 이 章은 너무 어려와셔 참 알긔가 어렵소.

這有甚麽難解졔的, 不過用點兒心就明白了。이 무엇이 알긔 어렵단 말이오. 不過 모암 좀 쓰면 곳 알쪄슬.

請先生講講。先生임 싀기여① 주십시오.

我講給你們, 好好兒的聽팅着져。 니 싀여 쥴터이니 잘들 들으시오.

是。네.

你們雅아静징一點兒。좀 從容들 호시오.

喧와, 今兒就念到這兒爲웨止즤罷, 還有書取취哪。네, 오늘은 여긔신지 만 비오시오. 또 書取②가 잇십이다.

請問先生, 這一句쮜我還不明白。여봅시오, 先生임, 이 句節은 아즉도 모름니다.

這一句是這麽着져這麽着, 都明白了没有？ 이 一句는 이러ㅎ고 이러ㅎ오. 다 明白ㅎ오 못ㅎ오？

都明白了。이 다 아옵이다.

明兒是祭지日시, 休슈課커一日。明日은 祭日이라 一日 休課요.

喧, 工課完了, 早點兒回去罷。공과 다 맛첫스니 좀 일즉이 가시오.

是, 立리正。네, 立.

応用會話第七章

先生在家了麽？ 先生 계십잇가？

在家了, 您請進來罷。게시오. 드러오

---

① 싀기여: 講. (알기 쉽게) 풀이해.
② 書取: 書取. 받아쓰기.

십시오.
先生, 您好啊？先生 平安ᄒ십잇가？
好啊, 您來有甚麼公幹깐呢？平安ᄒ시오. 당신이 오심은 무슨 볼일이 잇십잇가？
是有點兒奉ᄋᆼ求치的事。네, 좀 請求ᄒᆯ 일이 잇십이다.
甚麼事呢？무슨 일이오닛가？
求您當個保보人, 可以不可以？당신 保人〈이〉 되시라는 請인듸 ᄒ시겟소 못ᄒ시겟소？
是當甚麼保呢？무슨 保人이 되라시오？
是當入수學혜的保人。네, 入學保人이 올시다.
這件졘事很容융易이。이 일이야 쉬옵소.
那麼, 就請您在這兒用융個圖투書슈罷。그러면 당신 여긔다가 圖章을 치십시오.
甚麼時侯〔候〕兒去呀야？어는 쩍 가시오？
是明天去。네, 來日 가옵이다.
多咱考과試시？언제 試驗이오？
還没定規哪。아즉 酌定 업십이다.
報보名的人數수兒多不多？請願ᄒᆞᆯ 人數가 만소？
大概不少罷。아마 不少ᄒ지오.
幾年卒쥬業에呢？몃 희 卒業이오？
三年卒業。三年 卒業이올시다.
每메月多少學혜費삐？每月 얼마 學費오？
每月一塊錢, 還有五角錢的註쥬冊여費哪。每月 一圓에 또 五十錢 入學金이 잇십이다.
這就是了。그럿켓소.

応用會話第八章

借졔問원您哪, 郵우便뼌局쮜在那兒？말삼 좀 무릅시다. 郵便局이 어듸오？
由유這兒往東一拐쾌灣완就是。여긔셔 동으로만 쩍기면 곳 거긔요.
是, 謝謝您哪。네, 고마옵십이다.
好説好説。됴은 말삼이오.
賣給我一張明信신片兒, 還有這封信得데多少信費呢？葉書 一張 파시오. 쏘 이 편지는 얼마 郵便費나 되겟소？
得데三分펀。三錢 되오.
若是挂과號하呢？登記ᄒ면느뇨？
是一毛錢。一角이오.
若是寄지到外왜國去, 得데多小〔少〕信費呢？外國으로 붓치면 얼마 郵便費나 됨잇가？
也是一角쟈錢。亦是 一角이오.
往美메國一個月開幾回信船촨呢？美國으로 一個月에 몃 번 郵船이 쩌나오？
一個禮拜삐一趟。一週日에 ᄒᆞᆫ 번식이

오.
繞사着上海走麽？ 上海로 도라셔 가옵잇가？
不定, 也有一直치走的. 一定치 안어요. 바로 갈 젹도 잇지오.
這封信交쟈到那兒去？ 이 便紙를 어듸 갓다가 쥬오릿가？

您就裝쟝在信筒통裏去罷. 郵遞筩에너으시오.
回信, 可得多咱見呢？ 答狀은 언제나 보겟소？
一個禮拜之後就可以見罷. 一周日 後면 可以 보시리다 [라].

应用會話第九章

那兒賣信票퍄？ 어듸셔 郵票를 파오？
左워邊벤衚후衕통兒就有. 左便 골먹에 잇소.
上海電報幾個字起碼마？ 上海 電報는 몃 字에 마로 치시오？
是五個字一毛마錢, 若是按着親친民민電報彙〔彙〕회編괜可就便펜宜이多了, 那是用西字쓰文. 네, 다셧 字에 一角이고요 만일 親民電報彙編듸로 ᄒᆞ면는 듸단 싼데요. 그거는 이 西洋字로 쓰지오.
這個電뎬報뾰得데多少費페呢？ 이 電報는 얼마 浮費나 되겟소？
得데四塊兩角콰錢. 四元二角 되겟소.
連住주址즤和名字都筭錢麽？ 居住와 姓名신지 다 돈을 밧소？
没有, 這兒有筆, 您自己긔寫쎄上罷. 업소. 여기 붓 잇스니 당신이 쓰시오.
得데幾點鐘可以到呢？ 몃 点이면 가겟소？
兩點一刻커就到了. 두 点 一刻이면 가지오.
那麽今兒下半天可以有回電麽？ 그러면 오늘 오후에 回電이 잇겟소？
那可不敢說워, 那邊兒收워到電報之後, 就來回電, 今天可以收워到, 那邊兒若워有點兒耽잔誤, 可就沒准쥰兒了. 您這麽樣罷, 不論룬甚麽時候兒, 有您的回電來, 必然趕緊給您送去就是了. 그거는 말 못ᄒᆞ겟소. 거긔셔 電報 밧은 后에 곳 回電이 오면 오늘 可以 보겟고 거기셔 만일 좀 遲滯가 되면 미들 슈 업소. 이러케 ᄒᆞ십시오. 언의 쩌던지 당신의 回電이 오면 쪽 쌀리 당신게 보니 드리지오.
就是, 您費心신罷. 그러케 ᄒᆞ시오. 당신이 좀 쓰십시오.
好說. 됴흔 말솜이오.

应用會話第十章

這幾天暖ᄂᆞᆼ和후得더很。 이 몃치른 미
우 따따ᄒᆞ오①.
是, 天氣很好。 녜, 日氣가 미우 둇소.
今兒我本就要打發빼人去請您, 您來的
正好。 오늘 닉가 本來 ᄉᆞ름을 보닉
여 請ᄒᆞ러 가려 ᄒᆞ엿더니 당신이 오
시니 正이 둇소.
這眞쩐省ᄋᆡᆼ了랴您的事了, 頭幾天若不
下雨, 我早就來了。 이 참 당신의 일
을 더러쇼료. 몃칠 前에 비가 아니
왓드면 닉가 발셔 왓슬꺼슬.
您可把我給憋볘悶壞홰了, 您怎麼老
不來了, 算쑨起來, 也有一個月了。
당신은 나를 각잡ᄒᆞ여 죽게 ᄒᆞ구
료. 당신 엇지 오릭 오시지를 안
소. 셰음 치면 一個月도 되엿소.
可不是有一個月了麼, 您筭咱們倆랴是
正쩡月初추見的, 這又到二月初了。
한 둘이나 되고말고. 당신 심 처 보
시오. 우리가 이 正月初生에 본 것
이 이 ᄯᅩ 二月初生이 되엿구려.
可不是, 一熀〔晃〕황兒就是一個月。
그러코말고. 훌격ᄒᆞ더니 곳이 ᄒᆞᆫ 달

이로구려.
您瞧, 春景징兒殼ᄁᅺ多麼好呢? 당신 보
시오. 봄경이 얼마큼 둇소?
是, 我昨兒上花園子繞ᄯᅡ灣완去了, 風
兒颳과到臉롄上, 一点兒都不覺쮀冷
了。 녜, 닉가 어제 花園으로 도라단
이러 갓더니 바름이 얼골로 부러도
조곰도 치웁지 안읍듸다.
您這時侯〔候〕兒上花園子幹甚麼去
了? 管保花兒還没發빼芽야兒了
罷? 당신 이ᄯᅥ에 花園에 무엇ᄒᆞ러
갓십듸닛가? 擔保코 꽂은 아즉 싹
아니 낫슬 터인듸.
哼〔哼〕엉, 您竟在家裏, 那知花園的春
光, 您要看甚麼花罷? 응, 당신은 집
에만 드러 잇셔셔 엇지 花園의 春光
을 알겟소? 당신 무슨 꽂 보시료?
這不是古ᄭᅮ年的時候兒一張嘴쮀就説二
月山싼城쳥未ᄲᅦ見花那白話哪? 이거
이 古年時代에 걸붓ᄒᆞ면 말ᄒᆞ기를
二月山城未見花라 아니ᄒᆞ엿소. 그
헷말인가요?

应用會話第十一章

天氣太熱呀。日氣가 너무 더웁소.
是, 真熱。 녜, 참 더웁소.

您款콴款衣裳涼快凉快。 당신 옷 풀고
暑退ᄒᆞ시오.

---

① 따따ᄒᆞ오: 暖和. 따듯하오.

寒한暑수表표有幾度두了？ 寒暖計가 몃 도나 되엿소？

八十三度了。八十三度라오.

怪괴不得這麼熱呢。닉 그겨 이러케 더 옵드라니.

這那兒第熱呀, 剛進了六月, 還没暑伏 왜哪。이게 우엔 더운 셰음이오. 인 제 六月에 들고 伏이 아즉 아닌데 요.

哎呀, 昨兒晚上是怎麼個鬧上天氣啊, 忽후然산間젼就打了個雷래, 又打了 個閃션, 颳起粗옹風, 下起暴보雨來, 實在叫人真害怕. 익야 어제 져역에 이 엇전 야단에 日氣야요. 별안간 우레을 치며 쏘 변기를 치고 大風이 불면서 暴雨가 쏘다지는데 참 무섭 십듸다.

我今兒早起聽說, 有個地方霹폐了一棵 커大樹수。 닉 오늘 아참에 드르닛가 어듸 흔 키 큰 나무를 벼락 첫다 홉 듸다.

一定是有個霹폐雷的地方。一定코 벼 락 치신 데가 잇슬 테이예오.

像前兒個那麼熱, 可真了불不得더。 若 不是昨兒晚上下這麼點兒雨, 今兒還 能出門麼？ 그격게갓치 그러케 더 와셔는 참 되단ᄒ여요. 만일 어제 져역에 이만 비도 아니 왓드면 오늘 도 出入ᄒ겟소？

您這麼熱的天, 竟在家裏做活, 您也不 悶得더慌麼？ 당신 이러케 덥운 놀 집에셔 일만 ᄒ시니 당신은 각갑도 안으시오？

爲甚麼不悶呢？ 等我把這個活훠兒做 完了, 咱們散싼步부散步去。 엇지셔 각갑지 안어요. 닉 이 일을 맛치거 던 우리 散步 가 보옵시다.

好, 可上那兒去？ 둇소. 어듸로 가시 료？

那兒好, 就上那兒去。어듸던지 갑시 다.

也不用走遠원地方兒去, 咱們就上法앤 古꾸塔타公園원裏〔裏〕去凉快凉快 就得了。 멀리 갈 것도 업소. 우리 쌔고다 公園에 가셔 暑退나 ᄒ면 고 만이지오.

応用會話第十二章

伏왜天都可過去了, 早晚兒凉起來了。 伏이 다 지낸지라. 朝夕은 셔늘히지 구려.

是, 夏쌰布부衣裳앙不大興싱時의了. 네, 벼옷시 비철인데요.

這兩天晚上月光亮량得더很。 요시 저 역에 月色이 미우 밝십듸다.

快到仲즁秋츄佳자節졔了, 月亮一定是好 了。 仲秋佳節이 將次 되여 오닛가 月色이 의레이 둇케지오.

您喝茶罷。茶 잡슈십시요.
這是甚麼點心? 이거이 무슨 菓子오닛가?
這是敝國的月餅ᅟᅵᆼ。이 敝國 月餅이올시다.
我聽說貴國的這個月餅是有個緣故的,是從ᄶᅮᆼ那一年有的,是甚麼人興的呢? 닉 드르닛가 貴國 이 月餅이 짜닥이 잇는 거시라는듸 이 언의 히에 엇던 사롬이 닉인 것시오닛가?
您若ᅀᅧᆷ問這件事的根ᄂᆞᆫ由ᅲ,話可就長ᄎᆞᆼ了,等得듸閑我與ᅲ您談談。당신 이 일의 原因을 무르시면 말숨이 길으니 닉 한가ᄒᆞ거던 당신과 이익기ᄒᆞ지요.
我昨ᅀᅧᆷ兒出城칭去一看,莊ᄶᅮᆼ稼쟈都熟ᄉᆔ了,很好看。닉 어제 문 박게 나아가 보닛가 곡식이 모다 닑어는듸 믹우 보기 됴십듸다.
今年的年成칭好不好? 오례 年事가 됴흡듸닛가?
今年很好,雖ᄊᆔ然這麼樣兒的澇ᄙᅪ年頭見〔兒〕莊稼收ᅮ的還可以。今年에 믹우 됴십듸다. 이러ᄒᆞᆫ 장마히라도 곡속된 것는 보닛가 오히려 관기 찬십듸다.
您看ᄀᆞᆫ幾成칭年紀지呀? 당신 보기에 얼마 年事나 되옵듸가?
現在總ᄃᆞᆼ八九成年紀罷。즉금 엇지던지 八九분 年事는 되여요.
但願ᅯᆫ老天爺一連給幾個好年成纔好。다만 하늘임이 연히 멋 기 豊年이나 쥬셔야 됴켓소.
那敢自好極了。그럿타마다요.

応用會話第十三章

哎ᅵ呀야,天氣冷得듸利害。이야, 日氣 몹시 치옵십이다.
是,我向ᅘᅡᆼ來真沒經칭過這樣兒的冷天,聽說從前也沒有像這麼冷。네, 난 向來로 참 이러케 치운 놀은 지닉보들 못ᄒᆞ고 말을 드르닛가 以前에도 이런 치위는 업다고 흡듸다.
這總是有下大雪ᄉᆔ的地方兒。이 도모지 어듸 큰 눈이 오는 듸가 잇는 거이오.
我是穿관[쳔]着綿몐襖ᅪᆫ兒,又穿着皮피褂콰子,還是冷哪。 나는 솜두루믹기롤 입고 쏘 털두루믹기롤 입어도 치옵구려.
您瞧今兒還許ᄉᆔ要下雪哪。당신 보십시오. 오늘도 눈이 오실 듯십푸.
也許罷。그러듯십소.
您瞧說着說着,外頭飛ᅦ起雪ᄉᆔ花兒來了。당신 보시오. 말ᄒᆞ자 ᄒᆞ자 박게 눈이 날리구려.
趕明兒晴칭了的時侯〔候〕兒,咱們到貉러山ᅪᆫ往來亭ᅵᆼ,逛ᄀᆞᆼ逛雪景ᅵᆼ,回

頭邊사到東河허沿엔溜루溜冰깅。來日 좀[즘] 긔이는 쩍에 우리 貉山往來亭 으로 雪景 구경ᄒ고 도로오다가 東 河沿으로 어름 지치러 가십시다.

頂好頂好, 我來的時候兒走在河沿엔兒, 看見河裏有好些個炮꾜冰的呢。제 일 둇소. 늬가 올 쩍에 川邊으로셔 오며 보닛가 기쳔 속에 열어시들 얼 음 지치는 이가 잇십듸다.

看見有冰場챵兒的没有？ 당신 얼음판 잇는 것 보셧쇼？

有, 還有些個溜冰鞋쎄的哪。쏘 얼음 신 지치는 이도 잇십듸다.

這個溜冰鞋的玩완藝이兒真快樂러。이 溜冰鞋의 쟉란이 참 快樂ᄒ여요.

他們不是白白的溜, 還賽써賭두哪。그 드리 쏘 그져 지치는 것이 아니요, 쏘 닉기를 ᄒ된다.

怎麼個賭쑤法呢？ 엇덧케 닉기를 ᄒ는 것이오？

聽說溜的好得彩야치, 溜的不好的受쓔罰 얘。드르닛가 지치기를 잘ᄒ는 이 는 賞을 타고 지치기를 잘 못ᄒ는 이는 罰을 當ᄒ다 ᄒ듸다.

我没看過, 咱싸們明兒到那兒去瞧瞧。 나는 보아 보지 못ᄒ엿셰요. 우리 來日 거긔 가셔 보십시다.

好罷。둇치오.

应用會話第十四章

您請到這邊坐, 要用點兒甚麼貨？ 당 신 이리로 안지십시오. 무슨 물건을 좀 쓰시랴십잇가？

這個臉렌盆편多兒錢？ 이 洗水듸야가 얼마요？

這個賣五角쟈五。이거 五角 五錢홉이 다.

還有些쎄微〔微〕웨便폔宜이點兒的没 有？ 쏘 조곰 좀 싼 것이 잇소 업 소？

您看那一個怎麼樣？ 당신 보십시오. 그거이 엇더십잇가？

這個怎麼個價錢？ 이거이 갑이 엇더 소？

便폔宜이啊, 四角錢。싸지오. 四角임이 다.

少筭一點兒罷。좀 들 밧드시오.

合허您三角八罷。三角 八錢만 밧듭지오.

好罷, 給我包바起來。그리ᄒ오. 싸셔 쥬오.

是。네.

另링外還用甚麼東西呢？ 各樣兒日用 的東西都有。其外 쏘 무슨 물건을 쓰십닛가？ 各項日用之物이 다 잇 십이다.

我看一看, 這個大海碗완要幾個錢？ 보옵 시다. 이 큰 듸졉은 얼마 다라시오？

筭您六角錢罷。六角 밧옵지오.

給你五角五罷。五角五錢 쥬리다.
再添텬點兒您就留루下罷。좀 더ᄒ여셔 사십시오.
若肯컨讓샹一点兒價就留下。좀 갑을 들ᄒ면 사겟소.
您就給九角三, 還不筭便宜麼？ 당신 九角三錢만 쥬십시오. 또 싼 셰음이 아님잇가？
唉이, 可以, 你給送到我家裏去, 連拿錢。이, 그리ᄒ오. 우리 집에 갓다 가 쥬고 돈신지 가져가시오.
可以。高陞엉, 把這個貨給這位先生送到府上去, 共總是一元웬三角一, 隨쒀便쪈帶來。그리 ᄒ십시오. 고마옵심이다. 이 물건을 이 냥반 宅에 갓다 두고 合計 一元 三十一錢이니 아모릿케나 가져오ᄂ라.
喳쨔。네.

应用會話第十五章

來了信了, 不知道是打那兒來的。便紙가 왓ᄂ듸 어듸셔 온 것인지 아지 못ᄒ겟소.
啊, 天津那個朋펑友얃給帶來的, 拆처開看一看罷, 他還要回信麼？ 아 天津 그이가 보낸 것시니 쓰더 보아라. 그가 또 答狀ᄒ라니？
是, 還要回信。네, 또 答狀ᄒ릿요.
那麽, 現在就寫回信寄지去罷。그러면 즉금 곳 回答 써셔 붓처라.
上海鋪子裏老没信來, 不曉쓔得是怎麽個事情。上海 商店에셔 오릭 便紙가 아니 오니 이 엇지 된 일인지 몰으겟소.
打個電報보問問罷。電報롤 쳐셔 무러 보아라.
若是不忙, 等電匯회錢去的時候兒, 帶着問問, 不好麼？

만일 밧부지 안으면 돈 換 부치러 갈 쎡에 쎠셔 무러보면 돗치 안소？
這麼着, 先知會他, 把他的事情也可以吹취噓쉬吹噓。이러케 ᄒ여 먼저 그의게 奇別ᄒ면 그의 일을 또 可以 알이지.
昨天我去信片퍤兒已就提듸過了。어제 너가 편지 보닉셔 임이 말ᄒ엿소.
那麼, 先把貨훠物우的行항市시, 先打一個電報打聽打聽。그러면 먼저 물건 時勢를 電報로 알어 보아라.
信票兒没有了麼？郵票 업느냐？
還有, 都在那帳장桌줘兒抽쳐屉듸子裏擱着了。잇셰오. 文書床 셔랍에 담게 잇셰요.
你去找着쟈給我拿幾個來。너가 차져셔 몃 기 가져오ᄂ라.
哦어, 拿來了, 這是信票퓨兒, 還有明信

片兒, 您看彀用的不彀。어 가져와
십이다. 이거는 郵票요, 쏘 葉書도
잇스니 넉넉이 쓰겟나 못 쓰겟나 보
십시오.
攔下罷, 彀了。노아라. 넉넉ㅎ다.

応用會話第十六章

您這兒有頂好的墨머鏡징没有？ 당신
　여기 됴흔 烟鏡이 잇소 업소？
有, 您看這副야怎麼樣？ 이거이 엇더
　십닛가？
這副小一點兒。이거는 좀 젹소.
您要甚麼樣兒的？ 당신 엇더흔 거슬
　달나십잇가？
我要大點兒的, 還要腰야圓완的。난 좀
　크고도 갈죽흔 것을 要求ㅎ오.
這副怎麼樣？ 이거이 엇더소？
這兒還有點兒綿몐。이거이 쏘 셕어름①
　이 잇소.
那麼可以換환換。그러면 박구지오.
有養양目鏡没有？養目鏡 잇소 업소？
有您哪。잇십이다.
還有花鏡麼？ 쏘 돗보긔도 잇소？
您要初추花啊, 是老花呢？ 엿흔 거이
　오 깁푼 것이오？
是中花。這個太老, 帶上看着更경糊
　후塗두。네, 中치오. 이것는 너무
　깁퍼서 쓰고셔 보닛가 더 흐리구
　려.
那麼您要幾十鏡？ 그러면 몃 십 경을
　차지십잇가？

我要五十鏡。난 五十鏡을 찻소.
您帶着這副試의一試。당신 이것 써셔
　보십시오.
這副也不對眼얀。이거도 눈에 맛지 안
　소.
那麼換嫩〔嫩〕넌花的罷。그러면 엿
　흔 것로 박구지오.
哎이, 這副就對了, 給我一個眼鏡盒허兒
　罷。이 이거이 맛소. 眼鏡匣 흐 기
　주시오.
您要甚麼樣兒的？ 당신 엇던 거올 달
　나십잇가？
你們有幾樣兒都給我看看, 那個好, 就
　買那個。몃 가지나 잇는지 모다 뵈
　이시오. 어는 거이 됴으면 됴은 디
　로 사겟소.
這是鯊사魚위皮盒兒, 這是繡슈花的, 您
　要那一個？ 이거는 鯊魚皮匣이오,
　이거는 繡匣이니 당신 엇던 거를 要
　求ㅎ심잇가？
留這個罷。이것 사겟소.
錢都收쓔好了？ 돈 다 잘 밧앗쇼？
是, 對了。네, 맛쇼.

─────────────

① 셕어름: 綿. 석얼음.

応用會話第十七章

這兒有中國的話條子沒有？ 여긔 中國 말 冊 잇소？
請坐請坐, 給您看看。 안지십시요. 뵈여 드리이다.
這是多咱出的版쌘？ 이 언제 發刊흔 거이오？
是新近진印인出來的。 이 시로 빅인① 거심이다.
有扣쿠頭沒有？ 割引 잇소 업소？
九五扣。 九五割引이올시다.
七扣怎麽樣？ 七割引 엇덧스？
我們這兒不打價。 우리 여긔는 외누리 아니호이다.
還有古書우麽？ 또 古書도 잇소？
您要看甚麽書？ 당신 무슨 冊을 보시랴십잇가？
萬寶바全촨書, 有給我看看。 萬寶全書 잇스면 보이시오.
您請看, 另外還用甚麽書？ 당신 보십시오. 其外에 또 무슨 冊을 쓰시랴 십잇가？
歷리史쓰和一本地理리圖투。 歷史와 地圖요.
這倒很詳쌍細시。 이것이 미우 仔細흠이다.
有時行싱的尺츼牘두沒有？ 時行 尺牘② 잇소？
有。 잇심이다.
那是甚麽書？ 그것는 무슨 冊이오？
那是新刻커的農눙學쒜書우。 그것는 시로 開刊흔 農學書이올시다.
您要字쯔典덴不要？ 당신 字典 쓰십잇가 안 쓰십잇가？
現在用不着쟈。 즉금 쓰지 안소.
有理리財째書麽？ 經濟學 잇소？
現在可沒有, 目下就要來了。 즉금은 업고 지금 곳 오게십이다.
那麽先罷, 我買的這部書核허核多兒錢, 包바好送到我們衙門去, 一塊取錢。 그러면 이것만 흐십시다. 나 산 이 部 冊이 얼마인지 計筭흐여 잘 싸서 우리 마를③로 보니셔 한테 돈 차저 가시오.
是。 네.

応用會話第十八章

請坐您納, 要用点兒甚麽東西？ 안지십시오. 무슨 물건을 좀 쓰시랴십잇가？
買雙쌍鞋。 신 흔 커리 사겟소.

---

① 빅인: 印. 간행한.
② 尺牘(척독): 尺牘. 서신.
③ 마를: 衙門. 관아(官衙).

您要甚麼樣式의的？ 당신 엇더흔 것을 달나십잇가？
我要時樣的，給我瞧瞧。時體 것을 要求ᄒ는데 나를 보이시오.
您穿這雙試의一試。당신 이 켜레 신어 보십시오.
這雙不合허式의，有點兒擠지脚쟈。이것은 맛지 안소. 좀 발이 끠이구려.
這兒有一雙쌍，管관保合您的脚。여긔 흔 켜레 잇는데 쏙 당신 발에 둣겟소이다.
這雙太肥폐了。이거는 너무 널소.
您穿多大尺碼的？ 당신 몃 치를 신으십잇가？
我穿一尺零링八的。나는 一尺空 八分을 신소.
您看這一雙，怎麼樣？ 보십시오. 이 켜레가 엇덧소？
還是不行，那麼着罷，你們給我定씽作웨一雙罷。쏘 못쓰겟소. 그러케 ᄒ시

오. 나를 흔 켜레 맛처 주시오.
可以。그리ᄒ십시오.
可別照쪼着時樣兒後跟兒那麼高的，鞋臉兒我是要方頭的。그런데 時體 모양딕로 그러케 뒤츅이 놉게 말고 신밧탕은 나는 넙젹흔 것을 要求ᄒ오.
方臉兒鞋現在不時興싱。넙젹흔 신은 즉금 流行이 안임이다.
我不管時興不時興，只要合我的脚就行。난 流行이던 아니던 다만 니의 발에 맛는 것이면 쓰오.
那就是了。그러시겟소.
多咱可以得더呢？ 언제나 되겟소？
得데過一個禮리拜빅。一週日 지닉야 되겟소.
爲甚麼用那麼些天呢？ 외 그러케 열어 늘이 되오？
因爲我們現在活훠計지太多。우리가 즉금 일이 너무 만아셔 그럼이다.
也可以罷。그러케 ᄒ시오.

应用會話第十九章

來。오나라.
喳。녜이.
早車幾點鐘開呢？ 처 車, 몃 時에 써 나ᄂ냐？
九點鐘開。九時에 써눔이다.
趕깐得더上車趕不上？ 車룰 밋치겟니 못 밋치겟니？
怕是趕不上，您坐着東洋양車쳐去還可

以。아마 못 미치실가 보이다. 당신 人力車 타고 가시면 인제도 관게치 안쇼.
你去叫一輛량東洋車來。너 가셔 人力車 한 치 부러오느라.
車來了。車 왓십이다.
拉라我到火車站去，你要多兒錢？ 停車場ᄉ지 가는데 얼마 둘나ᄂ냐？

您給我三角五罷。 三角五錢 주십시오.
太貴了。 너무 빗사다.
今兒道兒上很泥濘넝。 오늘 길이 미우 지름이다.
那麼給你三角罷。 그러면 三十錢 주마.
可以, 您請上車罷。 그리ᄒᆞ십시오. 타십시오.
您要坐幾點鐘的火車呢? 당신 몇 時 車를 타시랴십잇가?
九點鐘車晚不了뫄麼? 九時車 늦지 안케느냐?
可以, 決궤誤不了뫄。 관게찬소. 늦지 안십이다.
快點兒走, 別誤了랴。 좀 속키 거러 늦지 말게 ᄒᆞ여라.

您放빵心신, 誤不了뫄, 我跑파的快。 념녀 마십시오. 늦지 안십이다. 데가 쒸기를 쌀이 홈이다.
正好, 還赶上了。 꼭 됴타. 듸여 왓다.
你去給我買張車票來。 너 가셔 車票 ᄒᆞᆫ 張 사오ᄂᆞ라.
您要買幾等的票呢? 당신 몃 等 票를 사시랴십잇가?
買頭等的罷。 一等으로 사라.
是, 連車票帶找좌錢都在這兒了您納。 네, 車票와 거스름돈ᄭᆞ지 다 여긔 잇십이다.
啊, 這是你的車錢, 另外給你一毛錢的酒쮸錢。 아 이것은 너의 車價요, 特別히 네 酒次 十錢 쥰다.
謝쎄謝您納。 고마옵십이다.

应用會話第二十章

借졔問您哪, 車房빵在那兒? 말삼 좀 무루십시다. 待合所가 어듸오?
那邊兒就是。 저편 거긔요.
從這兒到天津, 車價是多兒錢? 여기셔 天津ᄭᆞ지 車價이 얼마오?
您瞧瞧, 這賃린車表뱌上都有。 당신 보시오. 이 賃車票 우에 다 잇쇼.
借光借光。 고마옵십이다.
好說。 됴흔 말슴이오.
你去買張車票。 너 가셔 車票 사오나라.
是。 給您的車票。 네. 당신 車票올시다.
那個是二等車? 어는 것이 二等車 오?
這個就是。 이것이오.
快上車罷, 這就要開哪。 어셔 오르시오. 이 곳 車가 쩌나랴고 ᄒᆞ오.
這個車人都滿만了, 您到那邊去罷。 이 車는 사롬이 모다 찻스니 당신 저리로 가십시다.
車停빙住了, 是怎麼個緣완故? 車가 굿첫스니 엇진 ᄉᆞ단이오?
是到了車站了。 네 停車場에 왓쇼.

這個站잔叫甚麼名? 이 停車場 일홈이 뭇어시오?
這兒就是千金寨지. 여긔는 千金寨이올시다.
啊, 得데停팅多大時刻? 얼마 時間이나 停車호오?
停不了랴多大工夫, 不過十分번鐘罷. 얼마동안 停車흐지 안소. 不過 十分이지오.
到下站還得데倒一回車麼? 아릿 停車場에 가셔 쏘 흔 번 車가 박귀옵닛가?
這是快車, 小쌰站不住. 이 車는 急行車라 小停車場에는 긋치지 안소.
現在帶着有多少輛車? 즉금 얼마 車나 둘엇소?
我數우了, 二十二輛. 늬가 세여 보닛가 二十二個오.

來, 把上等的飯給我兩匣쌰兒, 共多兒錢? 오나라. 上等 밥을 두 匣만 다오. 合이 얼마냐?
一匣是二角半. 흔 匣이 二角五錢이올시다.
買〔賣〕茶的, 倒一壺후茶來. 茶 쟝사, 茶 흔 酒煎子 따러 오느라.
喳. 녜.
在這兒還得데停三十分鐘的車, 您不下去洗시洗臉麼? 여긔셔 쏘 三十分 停車 되니 당신 닉려가 洗手 아니흐시오?
費您納心, 我這幾個行李, 您給照꽈應영一會兒. 당신 슈고흐십시오. 닉 이 몃 기 行李 暫間 좀 보아 주십시오.
可以. 그러케 흐시오.

応用會話第二十一章

你們這兒有閑쎈屋子没有? 너의 여긔 누는 방 잇니 업니?
有啊您納. 잇십이다.
領링我們看看. 우리 딕리고 가 보자.
是. 녜.
來人, 把這幾位先生, 領링到五號꽈屋子去看看. 누구 오 나라. 이 몃 분 先生을 딕리고 五號房에 가셔 보아라.
這就是客커堂麼? 여긔가 客堂이냐?
是. 녜.

可以的, 就住你們這兒罷, 把我們的行李和東西叫人拿上來. 관게찬타. 너의 여긔 들겟다. 우리들 行李와 물건을 누구 부러셔 올여 오나라.
是. 녜.
都拿上來了麼? ①
都拿上來了. 다 올여 왓십이다.
打點兒水來擦여擦臉. 물 좀 써오나라. 洗手흐겟다.
是, 胰이子手巾진都擱在這兒. 녜, 비

---

① 번역 탈락.

누, 手巾 다 여긔 노엿십이다.
唉, 可以。오, 그릭.
您得데幾點鐘用飯哪? 당신 몃 時에 진지 잡슈시게십잇가?
六點半鐘罷。六時半에 ᄒᆞ여라.
給我拿盒허洋火來。셩양 ᄒᆞᆫ 匣 다오.
給您洋火。당신 들이는 셩양이올시다.
擱在這兒罷。여긔 노아라.
茅마房在那兒? 뒤싼이 어듸냐?
就在這後邊兒。이 뒤에 잇십이다.
這屋子是第디幾號? 이 방이 第 몃 號냐?
是第五號。네, 第五號올시다.
給我先沏치上茶, 然後就預위備예飯罷。나 茶 먼저 믿들어 준 然後에

밥 치려라.
是, 就得。네, 곳 되옵이다.
衆즁位都吃過了? 여러분 다 잡슈섯십잇가?
都吃過了①, 掌櫃궤的有甚麼事麼? 掌櫃의 무슨 일이 잇소?
没別的事。請衆位把貴原웬籍지和營영業에及지姓名您給開一個清單, 我們櫃上好報巡쉰警징預위備예調됴查차。다른 일 업고, 여러분 貴原籍과 營業及姓名을 당신 발긔 ᄒᆞ나 젹어 주십시오. 우리 가긔에서 巡查의 調查對答ᄒᆞ기가 됴캐십이다.
可以, 我開好就送到櫃上去。그리ᄒᆞ오. 닉 잘 젹어셔 곳 가긔로 보뉘리다.

应用會話第二十二章

我的帳還没開出來麽? 告訴掌櫃的, 把我的帳快開出來。나의 셰음 아즉 쏩아ᄂᆡ지 아니ᄒᆞ엿ᄂᆞ냐? 掌櫃의게 ᄂᆡ의 셰음을 쏩아ᄂᆡ라고 일너라.
這是開來的帳, 請瞧您納。이거이 젹어 온 文書이오니 보십시오.
這開的過逾위多了。이 젹은 것이 너무 과ᄒᆞ다.
我們不敢多開, 這筭是很公공道。우리 더 젹지 안십이다. 이 미우 公平ᄒᆞᆫ 셰음이올시다.

這兒還有没吃過的點心哪? 여긔 ᄯᅩ 먹지 아니ᄒᆞᆫ 菓子가 잇고나?
是, 這裏頭没給您筭上。네, 이 中에는 듯지 아니ᄒᆞ엿십이다.
你們筭的飯錢太多, 你們從前不是說就筭一塊錢麼? 너의들 밥갑슬 너무 만이 밧는다. 너들 以前에 一圓 밧는다고 말ᄒᆞ지 아니ᄒᆞ엿ᄂᆞ냐?
我們不敢多筭您的錢, 您說多少, 就給多少罷。우리 당신게 만이 밧지 안슴이다. 당신 말슴대로 쥬십시요.

---

① 번역 탈락.

你們把總碼兒開錯了。너들이 합계을 잘못 적어다.
没有, 我們筭的清清楚추楚的, 那兒有錯呢? 업소니다. 우리가 셰음 놋키를 쏙쏙이 흔 것인데 어딘 틀인 것이 잇세오?
這不是麽? 你再好好兒看看。 이거이 아니냐? 너 다시 잘 보아라.
是這碼多拐쌔了一拐, 我給您可以改쎄一改。 네 이 筭字를 흔 획을 더 쑤부려십이다구려. 내 곳처 드리지오.
這行了, 這兒有五塊錢, 先給你, 下剩썽這五塊, 等到後天給你們送來。 쓰겟다. 여기 五圓이 잇셔셔 먼져 너를 쥬는 것시오. 남져지[1] 이 五圓은 再明日 되거던 너의게로 보내마.
您有甚麼交給我帶去的東西麼? 請您務우必쎄明兒個打發人送到我這兒來, 因엔爲後天我要發쎄行李。 당신 무슨 닉게 붓처 보닉실 물건 잇거던 당신 아모조록 닉일 스람 히셔 닉게로 보닉십시오. 위그런고 ᄒᆞ니 몰에는 닉가 行李을 發送코져 홈이다.
是罷。 그리ᄒᆞ시오.

応用會話第二十三章

管棧쟌的來。 管棧的 오ᄂᆞ라.
喳, 做甚麼您納? 네, 왜 그려십잇가?
請你們掌櫃的來。 너의 쟝괴지 좀 請ᄒᆞ여 오ᄂᆞ라.
掌櫃的來了。 掌櫃的 왓십이다.
您請坐。 안지시오.
您叫我有甚麼事情啊? 당신 부르신거는 무슨 일이 잇십잇가?
這開上海的船甚麼時候兒開呀? 져 上海로 써나는 빅가 언의 썩 써나오?
今天晚五點鐘開。 오늘 져역 五時에 써남이다.
我現在上船晚不晚? 닉가 즉금 빅 타 늣지 안케소?
不晚, 您現在要走麼? 늣지 안십이다. 당신 즉금 가시랴 ᄒᆞ십잇가?
我要走, 請掌櫃的給我買一張二等船票, 送我上船。 난 가겟소. 掌櫃的나 二等船票 흔 쟝 사셔 나를 빅에 올여 쥬시오.
船票買來了。 您行李都拾의掇뒤好了? 船票 사셔 왓십이다. 당신 行李 다 收拾ᄒᆞ엿십잇가?
都好了。 다 되엿소.
那麼咱們就走罷。 그러면 우리 곳 가십시다.
哦, 到了, 您請上船罷。 您的東西等我給您運去。 어, 다 왓소. 당신 빅에

---

[1] 남겨지: 下剩. 나머지.

올르십시오. 당신의 물건은 늬 당신 게로 실어 보늬께요.

這是您的東西, 您請點一點對不對。 이 거이 당신의 物件이니 당신 맛나 아니 맛나 조슈ᄒ여① 보십시오.

不錯, 對了。勞您駕, 叫您受ᄲ累레。올 소, 맛소. 당신 슈고ᄒ심이다. 당신 을 슈고 식컷소.

好說您納, 咱們回頭見罷。됴흔 말삼 이오. 우리 잇다가 뵈옵시다.

应用會話第二十四章

怎麼這船還不開呀? 엇지 빅가 입쩌 쩌나지 안소?

快了, 等海關信箱到了, 就要開了。거 진 되엿소. 海關에셔 船牌가 온 뒤 면 곳 쩌나지요.

哦어, 好了, 提錨ᄡ了, 要開船了。어, 둣타. 닷를 드러 다 쩌나랴고 ᄒ다.

好。됴타.

今天風平ᄑ浪랑靜징了。 오늘 風平 浪靜ᄒ여셔 우리 빅 탄 사람의 福力이요.

咱們上船頂上遛루達ᄌ去罷。 우리 船 上으로 건일러 가십시다.

到了吳우松쑹口了, 船靠ᄏ了碼頭了。 吳松口에 왓다. 빅가 埠頭에 닷다.

咱們下船罷。 우리 빅에 늬립시다.

您住那兒了? 당신 어대 가셔 留ᄒ시 오?

我先住在行항裏。 난 아즉 商店에서 留 ᄒ겟소.

您把報關的招ᄌ來。 당신 報關② ᄒ는 이를 부러오시오.

我的貨報下關來了沒有? 나의 物品 報關ᄒ엿소 아니ᄒ엿소?

我這就帶提單去, 報好了關就起來了。 나 이 곳 掌記 가지고 가셔 다 報關 ᄒ고 物件 풀겟소.

您的貨都報下來了, 您請看一看對 不對? 당신 物件 다 報關ᄒ엿 소. 당신 보십시요, 맛나 아니 맛 나?

不錯, 對了。通共多少稅쒜銀엔? 올소. 맛소. 合이 얼마 稅金이요?

這兒有單子, 您請看。 여기 發記 잇스 니 당신 보십시요.

好, 就叫櫃上給我墊뗀付ᄋ上, 可以不 可以? 둣소. 곳 가기더러 치려 쥬 라고 ᄒ면 되겟소?

可以。 그리ᄒ십시오.

咱們等後手一塊兒再筭罷。 우리 이 다 음에 ᄒ데 셰음ᄒ십시다.

就是。 그리ᄒ오.

---

① 조슈ᄒ여: 点. 조수(照數)ᄒ여. 수효를 맞추어.

② 報關: 報關. 세관 신고.

应用會話第二十五章

你從那兒來的？ 노형, 어대로셔 왓소?
我從香港來的。 난 香港으로 왓소.
多咱在香港開的船啊？ 언제 香港셔 쩌난 비요?
上月二十五開的船。 지난달 二十五日에 쩌난 비오.
坐甚麼船來的？ 무슨 비 타고 왓소?
坐日의快丸來的。 日快丸 타고 왓소.
船主現在在船上麼？ 船主 즉금 비에 잇소?
船主剛上岸去了。您是做甚麼的？ 船主 즉금 下陸ᄒ엿소. 당신은 무엇ᄒ는 이오?
我在海關上當差。 난 海關구실 단이오.
你有甚麼事到這兒來啊？ 당신 무슨 일이 잇셔셔 여기 왓소?
我是調查裝卸貨物的, 你的船裝甚麼貨來的？ 나는 物品 실고 내리는 것 調査ᄒ는 사람이오. 당신 비에 무슨 物件 실고 왓소?
裝來的紙張帶皮貨, 還有点兒雜貨。 실고 온 것은 종의와 皮物ᄒ고 또 좀 雜貨가 잇소.
多少頓〔噸〕數啊？ 얼마 頓數오?
共總一千八百五十多噸。合一千八百五十餘噸이요.
有多少個坐兒？ 몃 사람이나 되오?
二十七個人。二十七個人이오.
都是那兒的人？ 모다 이 어대 사람이오?
日本人二十三個, 中國人四個。 日本人 二十三, 中國人 四箇오.
您這位是初次도到這口岸난[안]來的麼？ 당신은 처음 이 港口에 오셧소?
是, 這個碼頭我是初到。 네, 이 港口는 처음 왓소.
你到敝國來, 有甚麼貴幹？ 당신 敝國에 온 것은 무슨 일이 게시오?
我是做買賣來的。 나는 장사ᄒ러 왓소.
你帶的箱子裏頭是甚麼？ 당신 가진 箱子 속에 이 무엇시오?
這是我隨便穿的衣裳。 이 나의 향용① 입는 옷이오.
皮包裏裝的是甚麼？ 가방에 담은 것은 무엇시오?
走路兒用的零碎東西。 길에 단이며 쓰는 준물건②이오.
把蓋兒打開給我看看。 쑥기①를 열어 나를 뵈이시오.
打開了, 您請看。 여러쓰니 당신 보십

---

① 향용: 隨便. 편하게.
② 준물건: 零碎東西. 자질구레한 물건.

시오.

行了, 您收起來罷。 올소. 담어 두시오.

応用會話第二十六章

客人貴姓? 손임 뉘 되이십잇가?
賤姓劉루, 未領教掌櫃的怎麽稱呼? 늬 姓은 劉가올시다. 掌櫃的은 누구심 잇가?
賤姓梁량。 늬 姓은 梁가올시다.
貴處? 貴處는요?
敝處廣쌍東。 敝處는 廣東임이다.
您在這兒做買賣多年了罷? 당신 여긔셔 쟝사ᄒᆞ신 지 여러 ᄒᆡ십닛가?
有十幾年了。可以叫夥훠計지給您預위備에飯罷? 十余年 되옵이다. 夥計 부러, 진지 ᄎᆞ리오릿가?
飯倒不忙, 我倒是有一件事要請教掌櫃的。 밥은 밧부지 안소. 나는 흔 조건 掌櫃的케 엿쥬와 보올 일이 잇소.
豈敢, 您有甚麽事情? 豈敢, 당신 무삼 일이 잇십닛가?
剛纔我下船的時侯〔候〕兒, 脚行항給我往下起行싱李。 他説是, 那箱子甚麽的海關上總要打開驗엔的, 怕是夾쟈帶ᄯᅥ私ᄊᆞ貨和犯앤禁진的貨。 我不明白甚麽是私貨, 甚麽是犯禁的貨, 所以要請教的。 앗가 늬가 비에 ᄂᆞ리 ᄯᅥ에 運送部가 늬 行李를 ᄂᆞ려 쥬는듸 그의 말이 그 箱子 무엇슬

海關에셔 도모지 열고 檢查을 허려 ᄒᆞ는 것은 私貨와 犯禁品을 가져가 베그리흔다 ᄒᆞ니 나는 이 무엇이 私貨며 무엇이 犯禁品인지 몰나셔 엿쥬어 보는 것이올시다.
那私貨就是没上税쒜的東西, 打筭藏아在行싱李裹頭是不行的。 至즤於위這犯禁的貨比私貨又利害多了。 像甚麽洋槍챵火藥얀彈ᄯᅡᆫ子, 這些個都是犯禁的, 原완是不准쥰商人私買私賣的, 定例리是很嚴얀的。像私貨叫關上搜쑤出來, 不過加쟈幾倍에罰에銀엔, 若是搜出犯禁的貨來, 那可了랴不得了, 不但把貨入쓔官, 還要把人治즤罪쮀的哪。 그 私貨은 곳이 税金 ᄂᆡ지 아니흔 물건을 行李 속에다가 감추어셔는 못쓰지오. 이 犯禁品 ᄒᆡ셔는 私貨보다 ᄯᅩ 심ᄒᆞ옵이다. 무슨 양총, 火藥彈子, 이 여러 가지 갓튼 것은 모다 이 犯禁的인듸 原是 商人의 私相買賣을 못ᄒᆞ게 ᄒᆞ기로 法이 ᄆᆡ우 嚴흔 것이라 私貨 갓튼 거슨 海關에 搜索되면 不過 몃 倍 罰金이나 더ᄒᆞ지마는, 만약 犯禁品을 搜索ᄒᆞ여ᄂᆡ면 그거는 大端ᄒᆞ지오. 物品을 갓다가 乾没만 홀 샌 아니오, ᄯᅩ

---

① 쑥기: 蓋兒. 덮개. 뚜껑.

사롬을 治罪ᄒ랴 고ᄒ지오.   是, 承쳥您指즈敎. 네, 알엇십이다.

应用會話第二十七章

您的行李都拾掇뒈好了麼? 당신의 行李 다 잘 收拾ᄒ엿소?

都歸꿰着져好了, 竟等〔等〕着져吃完了飯就走了. 다 잘 收拾되고 밥만 먹은 뒤은 곳 가겟소.

行李既긔然산都歸着好了, 您就先交給他們這棧쟌裏, 叫他們雇꾸人送到火車站去. 行李가 임이 다 收拾되엿스면 당신 먼져 그들 客主에 委任ᄒ여 그들더러 사롬 어더셔 停車場으로 보ᄂ게 ᄒ십시오.

先把行李發빠了去妥뒈當麼? 먼져 行李를 보ᄂ셔 쓰겟소?

那没甚麼不妥當的, 客人們坐火車大概꺼都是這麼辦. 您當是行李必得데跟끈着客人一塊兒去麼? 무엇 不適當홀 것 업지오. 손임들이 車 탈 쩍에는 大概 모다 이러케 ᄒ지오. 당신은 行李가 꼭 손임을 짜러셔 ᄒᄂ 가는 줄로 아심잇가?

我當是必得데那麼着了. 난 반다시 그러케 ᄒᄂ 쥴로 아럿구려.

您聽我告訴ᅀᅮ您, 叫他們這棧裏一個夥計來, 所웨有您是幾隻즈箱子、幾個包裹궈, 通통共是多少件數兒, 您都當面兒點明白了, 交給他. 他就可以雇꾸人先送숭到火車站去, 上了磅ᄬ, 火車站給幾個銅퉁牌픠子, 他拿回來交給您. 您帶好了, 赶到了地土투, 您到在店裏, 不論打發是誰쒜, 拿這個銅牌子到火車站쟌去, 就把行李取춰出來了. 這不是省ᄸ事妥當麼? 당신 드리십시오. 닉 말삼 ᄒ오리다. 당신 그들 客主에 ᄒ 긔 夥計를 오릭셔 모든 당신의 이 몃 짝 箱子, 몃 긔 보통이, 合이 몃 가지를 당신 當面히셔 그 사롬의게 밋긔시면 졔가 사롬 어셔더 [더셔] 먼져 停車場으로 보ᄂ여 달고 보면 驛場에셔 몃 긔 銅牌를 쥬면 그가 갓다가 당신게 드리거던 당신 잘 가지시고 가신ᄂ 듸 가셔는 당신 旅舘에 드시고 이 누구를 보ᄂ시던지 이 銅牌 가지고 停車場에 가셔 곳 行李를 차져닉일 터이니 이 일 덜고 妥當치 안십잇가?

實在承쳥您指즈敎. 참 가라처 쥬시믈 입버십이다.

好説好説. 됴흔 말솜이올시다.

应用會話第二十八章

回稟삥老爺, 天津來了箱子了。 老爺게 엿쥬옵이다. 天津셔 箱子가 왓슴이다.

有信没有? 편지 잇느냐 업느냐?

就這一封信, 請您看看。 이 편지오니 보십시오.

有人押야來了没有? 뉘가 압영ᄒᆞ여 온 스룸 잇느냐 업느냐?

没押箱子的, 就是趕車的送來的。 押領혼 이 업고 車夫만 가지고 와십이다.

他是多咱짠動的身썬? 그는 언제 써나다 ᄒᆞ더냐?

他説他前兒個早起動的身。 그가 그젹게 아참에 써나다고 흡듸다.

這麽長챵天怎麽會走了三天呢? 이러케 긴놀에 엇지셔 三日이나 왓느냐?

他剛纔説, 大道上竟是泥늬和水, 所以兩天没能赶到。 그가 앗가 말ᄒᆞ는데 큰길이 왼통 질고 물이여셔 兩日에 못 딕여 왓담이다.

你們把箱子都搬빤進來了麽? 너의들 箱子을 다 윈겨 드리엿느냐?

都搬進來了。 다 윙겨 드렷십이다.

你點了是多少쌰隻? 調數ᄒᆞ닛가 몃 隻이 드냐?

我點了是十四隻。 늬가 調數ᄒᆞ닛가 이 十四隻이예요.

那就對了, 你出去問問赶車的, 還短돤他兩塊錢對不對。 그럼 맛는다. 너 나아가셔 赶車的게 二圓 들 쥰 것이 맛나 안 맛나 무러보아라.

是, 我出去問了赶車的了。 他説不錯, 是還短他兩塊錢的車錢。 네, 늬가 나아가셔 赶車的게 무러보닛가 그가 올타고 히요. 二圓車雇價 들 쥬엿다고 흡듸다.

那麽你把這兩塊錢給他拿出去叫他走罷。 그러면 너 이 二圓을 늬다가 쥬고 그더러 가라고 ᄒᆞ여라.

請問老爺, 把那些箱子攔到屋裏去罷? 여봅시요, 老爺임, 그 여러 箱子들 를 방으로 드려노으라십잇가?

那不是都是我的箱子。 그 다 나의 箱子가 안일다.

那麽有老爺的幾隻呢? 그러면 老爺 것이 몃 隻이나 되옵닛가?

那裏頭有四隻大箱子是我的, 拿到這屋裏來罷。 그 속에 四隻大箱子가 잇는듸 이 늬 것이니 이 방으로 듸려오느라.

那十隻是誰的呢? 그 十隻은 뉘 것이오닛가?

那都是李老爺的, 你明天雇車給送了去罷。 그 모다 李老爺 것이니 너 來日 車 어더셔 보늬 쥬어라.

是。 네.

脚錢都給了他們了麼？雇價 다 그들 쥬엇나냐？
是, 都給他們了。네, 그들 쥬엇십이다.

应用會話第二十九章

你把那封병信送到陳천宅댁去了麼？너 그 便紙를 陳宅에 갓다 두엇느냐？
是, 送了去了。네, 보뇌십이다.
陳老爺在家了麼？陳老爺 집에 게시더냐？
陳老爺没在家。陳老爺 집에 아니 게세오.
你見了誰了？너 뉘구를 보앗니？
我見了陳宅裏管事的了。뎌는 陳宅에 일 보는 이를 보앗십이다.
你没問他陳先生是上那兒去了麼？너 그게 陳先生이 어듸 가셧는지 뭇지 안엇느냐？
我問他來着。他説, 陳老爺拜빅客去了。뇌가 무러셧세오. 그의 말이 손임 보러 갓다고 ᄒ여요.
你没在那兒等着麼？너 거기셔 기듸리지 아니ᄒ여쎠니？
他説, 陳老爺總得掌쟝燈등的時候兒纔回來哪, 所以我没等着。그의 말이 陳老爺게셔 엇지던 불 켜 쩌나 드러오신다고 ᄒ여셔 아니 기다려십이다.
你把信留下了麼？너 便紙를 두엇느냐？
我留下了。두엇십이다.
你交給誰了？너 뉘게 미기엿느냐①？
我就交給那個管事的了。뇌 곳 그 일 보는 이를 쥬엇십이다.
你怎麼告訴他的？너 엇더케 그의게 일너느냐？
我告訴他, 赶陳老爺回來, 就赶緊的交上去。뇌가 그게 일느기를 陳老爺 도라오시거던 곳 쌜니 드리라고 ᄒ엿십이다.
他不至즤於忘왕在脖쎄子後頭哪？그가 이작ᄒ고② 뇌바려 두든 안케느냐？
我想他不能忘了。뇌 싱간 [각] 컨듸 그가 잇지는 못ᄒ리다.
他知道那是一封要緊的信麼？그가 그거이 急흔 便紙인 쥬를 아느냐？
我告訴他説了, 那是一封要緊的信。뇌 그의게 그거이 急흔 便紙라고 일러십이다.
你没説可以多咱取回信去麼？네가 언제 答狀 가질러 오마고 말ᄒ지 아니 ᄒ엿니？
他告訴我説, 若是有回信, 他們可以打

---

① 미기엿느냐: 交. 맡기었느냐.
② 이작ᄒ고: 忘. 잊고.

發人給送來。그가 늬게 일느는 말이 만일 回答이 잇스면 그드리 可以 사룸 보늬여 가져오마고 흡듸다.

他們打發人給送來總不可靠찬, 我想還是明天你取去罷。그드리 사룸 보늬여 가져온다는 것이 可히 밋지 못흐겟시니 늬 싱각 갓흐여셔는 쏘 來日 늬가 차지러 가거라.

是, 我明兒一淸早取去, 好不好？ 네, 늬가 來日 食前 일즉암치 가지러 가면 엇더싑잇가？

那麼很好。그러면 미오 좃타.

应用會話第三十章

你幹甚麼來了？ 노형 무엇흐라 오셧소？

我有點兒款관項쌍, 存운在這兒好不好？ 늬가 돈이 좀 잇는듸 여긔 밋긔면 엇더소？

要存多少？ 얼마나 밋기랴오？

五百塊錢。五百圓이오.

您要定期치啊, 還是要不定期的呢？ 당신 定期로 흐랴뇨, 不定期로 흐랴요？

這裏頭有甚麼分別麼？ 이 속에 무슴 分別이 잇소？

是, 没定期是隨便使用, 有定期的是不到期不行。네, 無定期는 마암듸로 使用흐고 有定期는 限期되지 아니흐면 못되오.

那麼没定期的好。그러면 無定期가 돗소.

這是取錢的川관往帳, 您收好了。이거는 돈 차는 通帳이니, 당신 잘 두시오.

不拘那一天都可以隨便取用的？ 어늬 놀이던지 모다 무암듸로 차져 씀잇가？

禮拜那一天是不付유存款관的。空日흐로는 밋긴 돈 지발① 안씀이다.

是了, 我有一件事要領敎。네, 一 늬가 흐아 엿쥬어 볼 것이 잇슴이다.

甚麼事情？ 무슨 일이오？

比方要有借銀子的, 若是有貨物或是有産찬業에押야在這兒, 可以行麼？ 가량 돈을 뛰여 쏘랴는 이가 잇스면, 만일 물건이나 或 不動産이 잇셔 여긔 典當흐면 可以 되것소？

行啊。되지오.

是怎麼個利錢？ 利子는 엇던소？

那也看錢數兒多少, 也看本人的信用, 過不去四厘리. 그 錢數 多少도 보고 本人의 信用도 보는듸 四厘에 지늬지 안소.

那就是了, 咱們改天見罷。그러겟소. 우리 쏘 뵈옵시다.

---

① 지발: 付. 지발(支撥). 지불.

応用會話第三十一章

辛苦您納。슈고ᄒ심이다.

來了您納, 請坐請坐。오십닛가? 안지십시오, 안지십시오.

現在此地錢項兒怎麽樣? 즉금 여긔 錢政이 엇덧소?

咳히, 不用提了, 緊的很哪。히, 말홀 것 업소. 錢荒ᄒ기가 되단ᄒ오.

您這兒往漢口匯兌行不行啊? 당신 여기셔 漢口로도 換ᄒ십잇가?

可以, 您匯多少? 되지오. 당신 얼마 換ᄒ십닛가?

我打筭匯兩千兩銀子, 怎麽個匯水啊? 난 二千兩銀子를 換홀 터인듸 換費가 엇더소?

您匯漢口的匯水, 現在長一点兒, 頭幾天工夫是每千兩十五兩銀子的行市, 今天總得十七兩銀子。打筭是怎麽個匯法呢? 電匯啊, 是票匯呢? 당신 漢口로 換ᄒ는 換費는 즉금 좀 올나십이다. 前 몃칠 동안은 每千兩에 十五兩銀子의 市勢러니 오늘은 엇지던 十七兩銀子나 되는듸 엇더케 換을 ᄒ실 셰음이오? 電報換이오, 票로 換이오닛가?

我想頂好是電匯。난 第一 됴흔 것이 電報換인 듯십소.

那可以, 電匯總比票匯花費에 多一點兒。그러케 ᄒ시오만는 電報換이 도모지 票換보다는 浮費가 좀 마는듸요.

多甚麽花費呢? 무슨 浮費가 더 흠잇가?

也没甚麽別的, 就是來往電報費都得您管, 我們不管打電報的事情。무슨 別것은 업고, 곳이 來往電報費를 모다 당신이 當ᄒ게 되고 우리는 電報 놋는 事件에는 不管이오.

大概這電報費用不了多少錢罷? 大槪 이 電報費는 얼마 돈 되지 안케지오?

哦, 也不少哪, 總得十幾塊錢罷。어, 쏘 不少ᄒ지오, 엇지던 十余圓 들지오.

那麽着, 我要是票匯呢? 그러면 나는 票換으로 ᄒ겟소.

您若是要票匯, 没有別的花費, 就是匯水就是了。당신 만일 票換으로 ᄒ시자면 別浮費는 업고 곳 이 換費뿐임이다.

那麽, 您那漢口行裏見票就付麽? 그러면 당신 그 漢口行에서 票만 보면 곳 돈을 쥬겟소?

不能녕, 總得見票三二日, 纔能付錢哪。못되지오. 엇지던 票를 본 후 二三日 되여야 돈을 쥬지오.

若是這麽着, 我恐怕誤事啊, 咱們還

是電匯罷。您點一點這是兩千兩銀子, 您就打電報罷, 電報費多少, 歸我一塊兒筭帳就是了。 이럴것 갓트면 나는 일이 틀릴가 두려오니 우리 다시 電報換으로 ᄒᆞ십시다. 老兄 調數ᄒᆞ십시오. 이거이 二千兩銀子요, 당신 곳 電報 노으시오. 電報費多少는 늬게로 한데 붓처 셰음 치시오.

您看看, 這是給您開了一個清單쓴, 連匯水帶電報費都在其ᄎᆔ內네。 당신 보십시오. 이거이 당신 드릴 發記인데 換費와 電報費ᄭᆞ지 다 그 속에 잇십이다.

那麼, 我就回去寫信去就是了。 그러면 나는 곳 도라가셔 便紙 쓰러 가겟소이다.

应用會話第三十二章

前天金于위山請您到他家裏是有甚麼好事情商ᅌᅣᆼ量량啊? 그젹게 金于山이 당신을 그에 집으로 請ᄒᆞ여 간 거는 이 무슨 됴흔 일 商議가 잇엿소?

您真說着죠了。他和我說, 他在衙門裏辦妥튀了一處開壙〔礦〕광的事。 당신 참말솜이오. 그가 나더러 말ᄒᆞ는데 그가 官廳에 ᄒᆞᆫ 곳 開礦ᄒᆞᆯ 일을 辦出ᄒᆞ엿다고 ᄒᆞᆸ되다.

開甚麼壙〔礦〕的事情? 무슨 礦을 ᄒᆞ는 일이오?

是開金壙〔礦〕的事情。 이 金礦의 일이예오.

執지照쬬他領링下來了麼? 認可狀은 맛타 늬엿소?

他已就領出來了。 그가 임이 ᄆᆞᆺ타 늬엿세오.

他和您商量的是怎麼辦法呢? 그가 당신과 商議ᄒᆞ는 것는 이 엇지 ᄒᆞ자는 것이오?

他說衙門的事情是辦妥了, 就是沒有本錢。 그가 말ᄒᆞ기를 官廳 일은 이 다 되엿는듸 이 資本이 업다고 ᄒᆞᆸ되다.

他沒有本錢, 怎麼能辦開壙〔礦〕的事情呢? 그가 資本이 업쓰면 엇더케 開礦ᄒᆞᆯ 일을 辦斷ᄒᆞ오?

他打筭招죠五十個股ᄭᅮ份펀, 每股五百塊錢, 通共兩萬五千塊錢的成本, 三年一筭帳, 應영得더的賺짠利리按股均펀分펀。 그의 預筭이 五十個股本을 募集ᄒᆞᄂᆞᆫ데 每股五百圓式 共合二萬五千圓의 資本인듸 三年 一次 셰음 보아셔 應得ᄒᆞᆯ 남은 利益은 股金에 對ᄒᆞ여 均配ᄒᆞ기로 ᄒᆞᆸ된다.

他本人筭幾個股份呢? 그의 本人는 몃 箇 股나 치옵더닛가?

他說, 他占잔十個股分, 下剩셩的四十個股子, 他托튀我給找죠入ᄉᆕ股的人。 그의 말이 그는 十箇股를 늬고 남겨지① 四十股는 그가 늬게 付託ᄒᆞ여

股 들 사름을 어더 달나고 흡듸다.
您的意思怎麼樣呢？ 당신 싱각은 엇더소?
我想是這麼樣, 和朋友們商量商量, 若是有肯긘入股的, 我至죄少也得隨쮜上幾股罷。 늬 싱각은 이러소. 親舊들과 商議ᄒ여 보아서 만일 股 들겟다 ᄒ는 이가 잇스면 나도 젹어도 몃 股 짜러 늬야 되겟소.
原웬來這開礦的事情是大有裕위利的事情, 要緊得。 大家同心合意的設예法 開采웨, 必定有發財웨的。 原來 이 開礦 일은 大端 큰 利益이 잇는 일이니 되관결 여러시 同心合意의 硏究 開採ᄒ면 必定코 富者 될 것이지오.
您說的不錯, 咱們大家分心, 把這股份招齊了, 再做一定的章장程쳥就是了。 당신 말삼이 올소. 우리 여러시 흠써 이 股份을 죄다 募集ᄒ여 가지고 다시 一定흔 章程을 믿드십시다.

应用會話第三十三章

掌樻[櫃]的很忙啊？ 掌櫃的, 미우 밧부구려？
您請裏邊坐。 드러와 안지십시오.
我打算做一套토禮리服뿌, 請您把衣裳樣子拿來, 我看看。 늬가 일습② 禮服을 짓게ᄂ듸 당신 옷 見本을 늬오시오. 늬 좀 보겟소.
您請看。 당신 보십시오.
這個樣子未웨免멘老一點兒。 請您把現在時興的樣子, 再找一本來, 我看看。 이 見本이 암만히도 좀 오린 거이니 당신 現在時行見本을 다시 ᄒ나 차져 늬시오. 나 좀 보겟소.
這個樣子倒不錯, 就照着這樣子做罷。 이 見本이 관게찬소. 곳 이 見本디로 ᄒ십시오.
您把我這身웬量的尺쳑寸운量一量, 開一個單子。 당신 나의 키 치슈를 지여 보고 發記 ᄒ나 늬 쥬시오.
你看看, 怎麼樣？ 당신 보십시오. 엇더ᄒ오？
很好。 미우둇소.
您要用甚麼料료子呢？ 당신 무슨 감을 쓰시람잇가？
我看看, 您這衣料子的樣子, 這是上等的羅뤄紗ᅄ麼？ 나 좀 봅시다. 당신 이 옷감의 見本이 곳 上等羅紗오？
是, 這是頂好的了。 네, 이거이 第一 됴흔 것시오.
若按着這個料뇨子做一套, 連工合多兒

---

① 남져지: 下剩的. 나머지.
② 습: 套. 벌.

錢? 만일 이 감되로 일흠을 지으면 工錢싀지 얼마오?

這是怎麽着, 您來了。我們決케不敢多筭您錢, 連工帶料, 您給六十五圓罷。이 엇지던, 당신이 오신지라 우리가 決코 당신 돈 만이 밧지는 못홀 것이잇가. 工錢과 材料싀지 ᄒ여셔 六十五圓만 쥬십시오.

六十五塊錢太多了, 少筭點兒怎樣? 六十五圓은 너무 만소. 좀 들 밧으면 엇더소?

我們這店裏言얀無우二價, 並且工堅제料實, 與위別家不同통。少了麽, 我們是不敢應的。우리 이 廛에서 외나리도 업고 또ᄂᆞᆫ 工力과 材料룰 堅實이 ᄒᆞ기를 다른 집과는 不同ᄒᆞ닛가 적어셔는 우리는 맛지 못ᄒᆞ겟십니다.

既是這麽説, 你們把活兒給我好好兒做。임이 이러ᄒᆞ다 ᄒᆞ면 당신네들 일을 잘ᄒᆞ여 쥬시오.

就這麽着罷。이러케 ᄒᆞ십시오.
幾時可以得더呢? 언제나 되겟소?
我筭是, 今天是禮拜五, 下禮拜六來拿罷。닉 假量에 이 오늘이 金曜日이 잇가 다음 土曜日에 와셔 가져가십시오.
也可以, 這是十塊錢, 給您做爲定錢, 下餘위之의錢赶等着我來拿衣裳的時候兒帶來。您還得給我開一個領收쌰的單子。그러시오. 이 十圓는 約條金 삼어 쥬고 餘錢는 닉 와셔 옷 가져갈 쩌에 가지고 오리다. 당신 쏘 나룰 領收一張 써셔 쥬시오.
您看對不對。당신 맛나 안 맛나 보시오.
好, 那麽我下禮拜六打發人來拿。돗소, 그러면 닉 다음 土曜日에 사름 보닉여 가져갑시다.
就是罷。그리십시오.
改天見罷。또 만납시다.
您回去了? 가십닛가?
不送不送。나오지 마읍시오.

応用會話第三十四章

新禧시新禧。新年 시희에 福 만이 엇드셧십닛가?
同禧同禧。彼此 ᄯᅩ소.
您請上, 我給您拜年。당신 올나오십시오. 닉가 歲拜 엿쥬겟소.
豈敢, 我這兒也給您道新喜。①

不敢當, 咱們兩便쎄罷。千萬에요. 우리 두리 다 고만두십시다.
那麽也好, 您請坐罷。그러면 亦 돗소. 당신 안지십시오.
令尊前求您帶我見一見。春丈게 당신 나룰 듸리고 뵈여 쥬십시오.

---
① 번역 탈락.

今天没在家, 回頭我替듸您説罷。 오늘 집에 아니 게십니다. 잇다가 말솜ᄒ여 드리지오.

那麽就求您替説就是了。 그러면 당신 말솜ᄒ여 쥬십시오.

您年下做甚麽消쇼遣졘? 당신 셔를① 에 무슨 消遣을 ᄒ엿소?

也没甚麽, 左웨不過年年兒的俗수套子 罷咧。 별것 업지오. 아모럿턴 年年 俗套쑌입지오.

您没見李先生麽? 당신 李先生 못 보셋소?

是, 没見, 他昨兒到我那兒去, 我没在家。 어제 우리집 온 거를 늬가 집에 업셧셰오.

昨兒他到我這兒來着, 説是還要到您府上去, 近來他倒發了福왺了。 어제 우리 여기 왓셧셔는데 쏘 宅에 간다고 ᄒᆞᆸ되다. 近來 그는 신슈 됴십되다.

是麽? 我回頭還要到他那兒去哪。 그럿십드닛가? 늬 잇다가 쏘 그의게 가겟소.

回頭您去的時候兒, 我還要求求您哪。 잇다가 당신 가실 쩌에 늬가 쏘 당신게 請求를 좀 ᄒ겟소.

您有甚麽事? 당신 무슨 일이 잇십잇가?

求您替我邀야一邀, 到二十我敬治긔杯 쎄茗밍, 求츄其千萬賞양臉, 別推辭。 당신 좀 請ᄒ여 쥬십시오. 二十日게 酒杯를 되졉홀 터이니 千萬에 얼골을 賞주고 拒絶 말어 달나고 ᄒ십시오.

是, 我必給您説到就是。 네, 늬 쏙 말 솜ᄒ여 드리지요.

我再當面請請您納, 至期치您務우必早來, 咱們聚會聚會。 늬 쏘 當面ᄒ여 셔 請ᄒᆞᆸ이다. 당신 이늘 아모조록 일즉이 오셔셔 우리 모입시다.

是了, 我必早來替您張羅뤄張羅。 네, 늬 반다시 일즉이 와셔 쥬션ᄒ여 드리지오.

应用會話第三十五章

您來了? 당신 오십닛가?
好啊您納。 平安ᄒ십잇가?
請裏邊坐罷。 드러 안지십시오.
今兒天氣冷罷? 오늘 日氣가 차구려.
今兒倒不很冷。 오늘은 오히려 미우 차지 안소.

您今兒没事多坐會兒, 咱們談一談, 一塊兒吃個便뼨飯。 당신 오늘 일 업쓰시니 좀 더 노시다가 우리 이이기 나 ᄒ다가 갓치 찬 업는 밥이나 잡슈고 가십시오.

您別費心, 我是剛吃完了꽌飯就來了。

---

① 셔를: 年下. 새해.

당신 읻쓰지 마릅시오. 나는 막 밥 먹고 굿 왓소.

到這兒, 您別作^쥐假쟈, 您隨便吃點兒點心罷。 여긔 오셔셔 당신 假作ㅎ지 마십시고, 당신 마음디로 菓子 좀 집슈십시오.

我來了就討^됴擾^샤您納。 늬가 오면 곳 討食을 홉이다구려.

好說, 您隨便用罷。 這是敝國的點心, 這是西洋的點心。 您是愛吃那一樣兒吃那樣。 됴흔 말삼이오. 당신 마음디로 잡슈십시오. 이것은 敝國 菓子오, 이것은 西洋 菓子이오니 당신 어느 거슬 잘 잡슈시는 디로 잡슈십시오.

您別布^부了, 我自己取罷。 당신 勸ㅎ시지 마르십시오. 내가 먹겟십이다.

您喝一杯^쎄麥^미酒。 당신 麥酒 흔 盞 잡슈십시오.

我可不會喝酒。 나는 술 먹을 쥬를 모

릅이다.

這是麥酒, 喝一點兒不要緊。 이것은 麥酒닛가 좀 마시여도 관게치 안소.

您請。 당신 잡슈십시오.

您怎麼吃這麼點兒啊? 당신 엇지 요마콤 잡슈십잇가?

我實在是吃殻了, 我到您這兒來還能作假麼? 늬 참 만이 먹엇십이다. 늬가 여긔 와셔도 假作을 ㅎ겟십잇가?

那麼就不強^창讓^샹了, 您請那邊屋裏坐罷。 그러면 나는 억지로 디리지 안십이다. 당신 뎌 방으로 가십시다.

不咖쟈了, 我改天再來, 今日叨^도擾, 謝謝您納。 못ㅎ여요. 늬 다른 날 쏘 옵지오. 잘 먹어십이다. 感謝홉이다 老兄.

那兒的話呢, 實在是慢待디。 우왼 말솜이오? 참 디졉지를 잘 못ㅎ엿십이다.

好說好說。 됴흔 말솜이십이다.

応用會話第三十六章

勞您駕, 給我診^젼一診脉^머。 오시기에 슈고ㅎ십이다. 나 脉 좀 보아 쥬십시오.

您覺^꼐着不舒^우服^우麼? 당신 편치 안으십잇가?

是, 胸^샴前覺着怪^꽤疼^텽[덩]的。 녜, 가삼이 몹시 압퍼요.

那邊覺着疼啊? 어느 편이 압푸시오?

左邊兒心坎^칸子疼的利害。 左便 졋싸리가 몹시 압품이다.

發燒^쌰不發燒? 몸이 더움소 아니 더움소?

不覺^꼐着發燒晃^황晃兒, 還冷一点兒, 不大利害。 더움지는 안코 오슬오슬좀 치우나 大端 甚ㅎ지는 안십이다.

大小便ᄈ行ᄉᆼ動ᄃᆼ不行動？ 大小便는 通ᄒᆞ옵닛가？

跟平常一樣。平日과 一樣이예요.

飮ᅵᆫ食ᄋᆡ上怎麼樣？ 飮食에는 엇더소.

一點兒也吃不出甚麼滋ᄌᆞ味兒來。조금도 맛을 모르것세오.

夜裏有覺ᄌᅸ没有？ 밤에 잠을 쥬무시오 못 쥬무시오？

時常睡不着ᄌᅸ. 갓금 자지를 못ᄒᆞ여요.

出燥ᄶᅶ汗한不出？ 진쌈은 나지 안소？

總不甚麼出汗。도시 무슨 쏨은 나지 안어요.

心裏跳ᄄᅶ不跳？ 가심이 쒸오 아니 쒸오？

走的快了就跳。너무 쌔리 거르면 곳 쒸여요.

喘춴不喘？ 슘이 차오 안 차오？

氣倒不怎麼喘。슘은 차지 안어요.

咳커嗽ᄉᆒ不咳嗽？ 기침ᄒᆞ오 아니 ᄒᆞ오？

不咳嗽。기침은 조곰도 업세오.

不要緊。관게치 안소.

這是怎懙〔麼〕個病？ 이 엇젼 病이 오닛가？

您胃ᅰ經ᄌᆼ受쑤了点兒傷쌍, 我給您開個方兒。胃經이 좀 傷ᄒᆞ엿소. 내 方文① 내여 드리리다.

忌지口不忌口呢？ 飮食을 忌ᄒᆞ오？

忌口, 可是不消ᄮᅶ化的東西, 萬吃不得。飮食을 忌ᄒᆞ는데요, 消化 잘 아니ᄒᆞ는 物件는 아조 먹지 마시오.

這麵메子藥用開水冲ᄎᆛ着吃麼？ 이 가루藥은 더운 물에 타셔 먹소？

啊, 冲着喝。아, 타셔 마십시오.

应用會話第三十七章

您來了？ 오십닛가？

好您哪？ 安寧ᄒᆞ십닛가？

承問。您哪好？ 고마옵십이다. 平安ᄒᆞᆷ잇가？

不敢當, 您請坐罷。不敢當이오, 당신 안지십시오.

有坐有坐。안질 듸 잇십이다.

您今兒怎麼這麼閒在呀？ 당신 오늘 엇지 이러케 閒暇ᄒᆞ시오？

聽說您欠체安了, 今日特來問候。네, 드르닛가 당신이 便치 안으시다기예 오늘 特別이 問候ᄒᆞᆷ이다.

叫您惦덴着, 還不大利리落ᄅᆐ。당신으로 이처럼 싱각ᄒᆞ시게 ᄒᆞ엿십이다. 아즉도 셩치는 못ᄒᆞ옵이다.

我先不知道, 昨兒我纔聽說, 實在是少來望看您哪。난 먼져는 아지 못ᄒᆞ고 어졔야 말숨을 드러셔오. 참 당

---

① 方文: 方兒. 처방.

신을 와 뵈옵들 못ᄒᆞ엿십이다.
那兒的話呢, 這就勞駕的很了。千萬에 말솜도 다 ᄒᆞ십이다. 이 곳 되단 어렵십이다구려.
您是多咱病的？ 당신은 언제 病患이십닛가？
從前天就覺着不舒服。再昨日부터 便치가 안어요.
您没請大夫看看麽？ 醫員 請ᄒᆞ여 보시지 안어십잇가？
請大夫看了, 現在還吃藥哪。아 醫員 請ᄒᆞ여 보고 즉금도 藥 먹심이다.
飲食怎麽樣？ 飲食은 엇더심잇가？
飲食雖쒜不能照常, 可吃的不少。飲食이 平常되로는 못ᄒᆞ여도 먹기를 격지 안케 홈이다.
那好極了, 您總得多吃飯, 安心静ᄌᆼ養양, 自然就好了。그 미우 둇십이다.

당신 엇지던 진지 만이 잡슈시고 安心靜養ᄒᆞ시면 自然 곳 낫십지오.
是麽。올소.
您臉上氣色에和精ᄌᆼ神쎤可還是照舊쥬一樣。당신 얼골과 精神는 오히려 以前과 ᄀᆞᆺ튼되요.
要是服ᄲᅮ元ᄳᅠ兒, 還得뎌些日子。네, 完蘇되쟈면 쏘 몃칠 가져야 되겟소.
您調됴養幾天就好了。我要回去了。당신 몃칠 됴리ᄒᆞ시면 곳 놋게심이다. 난 가겟십이다.
您忙甚麽了？ 天還早哪。당신 무엇이 밧부시오？ 눌이 야즉 이른데오.
我改天再瞧您來。내 他日 쏘 당신 보이러 옵지오.
恕우罪ᅰ恕罪, 我不送您了。용셔ᄒᆞ십시오. 당신 餞送 못ᄒᆞ옵이다.
改日見罷。다른 눌 뵈옵시다.

应用會話第三十八章

先生來了？久쥬違ᅰ久違。先生 오십잇가？ 오릭감만이구려.
彼此彼此。彼此 업소이다.
您是多咱回來的？ 당신이 언제 오엿십잇가？
我是昨兒個回來的。나는 어제 와십이다.
路루上很好啊？ 路上에서 平安ᄒᆞ엿십잇가？
托您福, 倒都平安。당신 덕분인지 모다 平安ᄒᆞ엿십이다.
您這趟出去是有甚麽公幹？ 당신 이번 나가신 것는 무슨 볼일이 잇셔십잇가？
我是隨ᅰ着大人到南鮮쎤地方考查ᄎᆞ情形ᄒᆞᆼ去了。나는 大人을 ᄯᅡ러셔 南鮮地方에 視察 가엿십이다.
是隨着那位大人去的？ 이 언의븐[분] 大人을 ᄯᅡ러셔 가셔엿요？
是隨着王大人去的。이 王大人을 ᄯᅡ러

셔 갓지오.
去了有多少日子？ 가신 지가 여러 늘 되셧지오？
連來帶去整쩡一個月。 오고 가긔가 꼭 一箇月이오.
我上回到府上望看您去了, 聽説您公出了。 내가 져번에 宅에 보이러 가셔 말을 드르닛가 당신이 出張 올나가셧다고 ᄒ여요.
勞您駕, 我實在失迎。 수고ᄒ셧십이다. 늬 참 迎接지를 못ᄒ여셔.
那兒的話呢。 千萬의 말삼이올시다.
您這幾天忙甚麼來着？ 당신 이 몃칠 무엇에 밧부셧소？
也没甚麼正經事, 就是這幾天有一位舊日的朋友到京來了, 應영酬처了兩天。 亦 別로 正當ᄒ 일은 업고 곳 이 몃칠은 흔 분 前日 親舊가 셔울을 와셔 흔 잇틀 接對ᄒ엿지오.
是那位朋友？ 이 엇던 親舊오？

就是我上回和您提的那位柳류自春, 他來了。 곳 이 내가 져변에 당신과 말슴ᄒ던 그분 柳自春 그가 왓셰오.
這位朋友來了, 好極了。 我還要和他會會面哪。 이분 親舊가 오셧스면 미우 둇소. 나도 그와 맛ᄂ 보고쟈 ᄒᄂ듸요.
他也久仰大名, 還要到府上望왕看您去哪。 그도 亦 九聞大名ᄒ고 쏘 宅으로 보이러 가고쟈 흡듸다.
不敢當, 他這趟來是有何公幹？ 不敢當, 그가 이번 온 것은 이 무슨 볼일이오？
是瞧他的親戚치來了。 네, 그의 親戚을 보러왓셰오.
那麼一兩天我們可以見一見。 그러면 일간 우리가 可以 맛나까요？
他這兩天必拜您來。 그가 이일 간반 다시 당신 보이러 오리다.

应用會話第三十九章

您學敝國話有幾年了？ 당신 敝國 말 비오신 지 몃히나 되엿소？
我學貴國話不過纔一年。 난 貴國 말 비온 지 不過 겨우 一年이오.
您學話纔一年, 就説的這麼好, 您真天才쩨呀。 당신 말 비오신 지 겨우 一年에 곳 말ᄒ긔를 이러케 잘ᄒ시니 당신 참 天才시오.

好説, 不過是眼얀面前兒的話罷。 됴흔 말슴이을[올] 시다. 不過是 쉬운 말 입지오.
我是在貴國住了三年, 一句話還不通, 我自己想太笨뻰的很了。 나는 貴國에셔 三年이나 잇셔야 흔 귀 말도 通치를 못ᄒ니 늬가 늬 싱각을 ᄒ여도 너무 둔ᄒ여요.

那兒的話呢, 若學쌰沒有不能學的, 只
要不辭으勞롸就可以行。千萬에오.
빅오면 비오지 못홀 것이 업는듸 다
만 괴로온 것을 실여 아니ᄒᆞ면 되지
오.
我聽說, 您英영國話也說的很好。닉 드
른즉 당신 英國 말도 미우 잘ᄒᆞ시다
구려.
那兒說得好呢〔呢〕, 不過略랴會一點
兒就是了。왼걸 잘ᄒᆞ다고야 ᄒᆞ여
요. 不過 조곰 좀 홀 쥬롤 아지오.
您學英國話和敝國話兩樣兒, 那一樣兒
難? 당신 英國 말과 敝國 말 비오
는듸 두 가지예 언느 것이 어렵슴듸
가?
若論學話, 那一樣兒也不容易, 只要用
心沒有難的, 可是若說, 中國話是最
웨難的, 起首쇼學口音難, 第二是文
法難。雖說是有才幹的人, 沒有能按

着規矩說的, 也沒有說得一點兒口音
也不錯的。말 비오는 걸로 말ᄒᆞ면
아모것도 쉬읍지 안치마는 다만 ᄆᆞ
음만 쓰면 어려운 것이 업스느 그러
나 말ᄒᆞ자면 中國말이 가장 어려운
거이 첫듸 口音 비오기가 어렵고,
둘지 文法이 어려와셔 아모리 才調
잇다는 사름도 능히 法則듸로 말ᄒᆞ
는 이도 업고 말ᄒᆞ기를 조곰도 口音
이 틀이지 아니ᄒᆞ게 ᄒᆞ는 이 업슴듸
다.
是的, 這學話總得데先學口音인, 口音
正, 說話真, 所以口音是頂要緊的。
그러치오. 이 말 비오는데는 엇지던
먼져 口音을 비와셔 口音이 발나야
말ᄒᆞ는게 쏙쏙ᄒᆞ니 그러무로 口音
이 제일 繁要ᄒᆞ지오.
誠졍然是的。참 올소이다.

应用會話第四十章

恭숑喜恭喜, 聽說貴學堂考試, 您是獨두
占잔前列례, 實在才高得很了。고마
옵십듸다. 드르닛가 貴學校 試驗에
당신이 優等 첫지가 되엿다 ᄒᆞ니 참
미우 才分이 노푸십이다.
好說好說, 這不過一時僥쟈倖ᄉᆡᆼ就是
了。됴흔 말삼이오. 不過 이 一時
僥倖이지오.
您太謙켼了, 令弟這回考試實在是抱뽀

屈쳐了。당신 너무 謙辭올시다. 令
弟신틴셔는 이번 試驗에 참 이 怨屈
ᄒᆞ다.
沒把他甄쩬別下來, 還不算便폔宜이
麼? 그를 落第 아닌 것이 오히려
싸지 안소?
您令弟平素쑤不是不知道用功。당신
令弟가 平日에 이 工夫홀 줄 아지
못ᄒᆞ는 이가 아인듸요.

雖然他知用功, 他可是頑완固不化화.
　그가 工夫홀 쥬른 아지만도 下愚不
　移에요.

等他心竅갸兒一開, 可就好了. 그에 소
　견머리가 뚤인 뒤에는 곳 낫지오.

是這麼着. 네, 그러호여요.

您貴學堂一年考幾回呀? 당신 貴學校
　가 一年에 몃번 試驗이오?

敝學堂的規矩, 初入우學堂是六個月甄
　別一次, 一年春秋兩季지大考哪. 敝
　學校의 規則이 學堂에 初入호여서
　는 六個月 一次식, 一年 春秋兩節
　大試驗이지오.

啊, 應영了試的也有獎쟝賞썅麼? 아,
　應試혼 이는 또 賞品이 잇섭잇가?

聽説貴國是得中的有個獎賞, 敝國没
　有. 貴國에는 得中혼 이가 賞이 잇
　답듸다마는 敝國에는 업셰오.

那麼, 考的好不好有怎麼個分別呢?
　그러면 잘호고 못혼 것룰 엇지 分別
　호오?

是筭分數兒, 觳分數兒列爲一等、次
　等、三等, 再次不列레等. 若是平常
　有過失의, 品핀性싱不端돤的, 就革꺼
　除우了. 이 計点호여서 滿点은 一
　等, 次二等, 再三等이오. 또 落第一.
　만일 平日에 過失이 잇고 品行이 端
　正치 못혼 이는 除名호지오.

夏天歇셰伏不歇呢? 열음에 夏期放學
　호오 아니호오?

夏天是放暑우假. 열음에 三伏放學을
　호지오.

放多少日子呢? 몃칠 日子나 放學을
　호오?

也就是六個星싱期치罷. 곳 이 六個空
　日이지오.

応用會話第四十一章

昨兒我聽説您到京, 所以來望看您納.
　您一路都好啊? 어졔 말을 드르닛
　가 당신이 셔울을 오셧다기에 닉가
　당신을 보이러 왓십이다.

托福, 一路都很平安. 我本應當先到您
　府上去, 就因爲昨兒纔到的, 一切체
　行李還没安排피好了. 請您恕우我改
　日請安去. 당신 덕분에 왼길이 다
　미우 平安호엿십이다. 닉가 本이 應
　當 먼져 宅에 갈 것을 곳 어졔야 와
　셔 一切行李도 아즉 잘 安排치 못혼

으로 히 그런 거이니 당신 닉 他日
　問安 가기로 容恕호십시오.

不敢當, 我今日還約웨您, 赶明兒個下
　午六點鐘敬治지薄쌔酒, 給您接제風
　영, 您千萬別推퇴辭. 不敢當이올시
　다. 뎨가 오늘 당신을 來日下午六時
　쯤 薄酒를 갓추어 당신을 接待호랴
　請호오니 당신 千萬에 拒絶 마웁시
　오.

您別費心, 我這是初到, 該去的地方
　多. 我先心領就是了. 당신 잇쓰지

마옵시오. 늬가 이 처음 와셔 갈 데가 만으닛가 나는 먼져 마음으로 밧게십이다.

那麽過些日子也行罷？ 그러면 몃칠 지닉도 쓰게십이다.

您不要費心了, 咱們弟兄還有甚麽講究呢？ 당신 익쓰지 말으시오. 우리 터이에 무슨 슘허물이 잇십잇가？

您太外道了, 您這趟是由水路來的, 是由旱路來的？ 당신 너무 셔어ᄒᆞ십이다① 당신 이번에 水路로 오셧소 이 陸路로 오셧소？

有時候兒起旱, 有時候兒坐輪船, 好在現時輪船鐵路都很方便. 或 陸路도 ᄒᆞ고 或 乘船ᄒᆞᆯ 時도 잇셔지요. 참 즉금은 輪船, 鐵道가 잇쎄셔 모다 미우 便利ᄒᆞ여요.

可不是麽。那麽您在路上走了多少日子呢？ 그러코말고요. 그러면 당신 길에셔 몃 눌이ᄂᆞ 거르셧소？

我們在路上一共走了二十多天。 우리가 길에셔 通 二十余日을 거럿소.

您這一路是很辛苦了。 당신이 一路는 辛苦 미우 ᄒᆞ셧지오？

也沒甚麽辛苦, 不過是到了水路上可真不得더了표。 무엇 辛苦 업섯고. 不過 이 水路에 와셔는 참 딕단ᄒᆞ엿지오.

怎麽？ 您暈船麽？ 엇지셔오？ 당신 빈멀미 나십잇가？

我暈的利害哪, 三四天沒能吃東西, 簡直的嘔吐투的了표不得, 自從下了船這兩天纔覺着好點兒。 난 빈멀미가 딕단ᄒᆞ여요. 三四日을 먹도 못ᄒᆞ고 아조 嘔吐에 ᄒᆞᆯ 슈가 업다가 빅에 닉린 뒤로 이 ᄒᆞ 잇틀 겨오 좀 나은 듯ᄒᆞ외다.

那麽, 您治公, 我過一兩天備帖邀您, 您可別推辭。 그러면 당신 볼일 보십시오. 닉 一二日後에 請帖ᄒᆞ여 請ᄒᆞᆯ 터이오니 당신 拒絶 마옵시오.

就是罷, 我是定要叨擾的嘍러。 그러ᄒᆞ십시오. 나는 쏙 먹겟십이다.

咱們一兩天見罷。 우리 日間 뵈옵시다.

应用會話第四十二章

前次叫您費心, 我今兒特意來, 謝謝您納。 前者에 老兄을 이ᄅᆞᆯ 씨여셔 닉 오늘 特別히 致謝ᄒᆞ러 왓십이다.

您實在多禮了, 這麽點兒東西, 您還提在話下, 何敢當謝字呢？ 당신 참 너무 禮節을 차지시오. 요만ᄒᆞᆫ 物件을 당신은 말삼 아릭 닉신단 말삼이오, 엇지 敢이 感謝字를 當ᄒᆞ겟

---

① 셔어ᄒᆞ십이다: 外道. (너무 예의를 차려) 서먹합니다.

십잇가?

您從外왜頭帶쩨來的東西, 固꾸然是不少, 親친友們多, 那兒不得더應영酬쳐呢? 若是都像給我的這麼多, 恐쿵怕是分펀不過來罷, 您還惦덴記着저我哪? 당신 박그로서 가져오신 물건이 不少ᄒ겟지마는 親友드리 만은듸 어디는 接待ᄒ지 아니ᄒ십잇가? 만일 모다 나 쥬는 것갓치 이러케 만을 것 갓트면 아마 分次가 못되겟소이다. 老兄이 ᄯ 나를 다 이처럼 싱각ᄒ신단 말삼이오?

好説, 送了去的東西實在拿不出手來, 不成청敬징意的很. 됴흔 말삼이올시다. 보닌 것이 참 便便치 못ᄒ여셔 미우 디졉이 못되옵이다.

那兒的話呢. 您這趟都是上那兒游유玩완去了? 千萬의 말삼이올시다. 老兄 이번에 모다 어듸를 노러가셧십듸닛가?

我是到南幾省썽逛꽝了一趟. 나는 南方 몃 省을 가셔 한 번 구경ᄒ엿지오.

去的日子不少罷? 가신 日子가 不少ᄒ시지오?

敢情是不少, 有四個月的光景. 不少ᄒ여요. 四箇月 동안이나 되엿셰요.

那邊兒的景징緻긔很可觀관罷? 그쪽 景致가 미우 볼만ᄒ겟지오?

是, 那邊兒比쎄這邊兒好多了, 名勝썽地方也不少. 녜, 거긔가 여긔보담은 미우 됴십듸다. 名勝地도 不少ᄒ고.

您没到過北邊兒去麽? 당신 北方에는 가 보시지 못ᄒ셧소?

您別提了, 有一年我到八達따嶺링去逛꽝了一趟, 回頭到十三陵링, 受的那個罪쮀, 真是一言難난盡진了. 여보 말삼 마시오. 언늬 히에 닉가 八達嶺에 가셔 一次 구경ᄒ고 도라오다가 十三陵에를 갓는듸 ᄒ 그 고싱이라니, 참 이로 말ᄒ 슈 업소.

是怎麽了? 이 엇지셔오?

不説別的, 單딴説住店덴這一層청, 連一個乾净店덴都没有. 다른 것은 말말고 單旅舘에 드는 이 條件만 말ᄒ시다. ᄒ나토 精ᄒ 旅舘은 업고.

那麽, 您住在那兒了? 그러면 당신 어듸셔 留ᄒ셧소?

也是住店哪, 趕等到夜裏都出來了, 有成千動둥萬的那麽些個蚊원子、蛭〔蚤〕짜子, 咬야的咬, 哏〔啃〕슨的哏〔啃〕, 我正〔整〕宿쓔也不能睡쒸覺쟈. 亦是 旅館에 드러는듸 밤중 쯤 되더니 모다 나오는 千萬이나 되는 그러케 만은 모긔, 벼룩이 무는 것은 물고 쫏는 것은 쫏는듸 자랴 잘 슈가 잇셔야지오.

您没帶着져帳쟝子去麽? 당신 帳을 아니 가지고 가셧십듸가?

我帶着了러, 若不然쓴要〔更〕껑了꺄不得더了. 닉 가지고셔 갓셔지오. 그러치 아니ᄒ엿드면 더구나 말 아니엿지오.

這樣事情實在叫人沒法예子, 北方就是
這麼樣。 이런 일 참 사름이 홀 슈
업서. 北方은 이러ᄒ여요.

南方稍သ微〔微〕웨的好些쎄兒。 南方
은 졔긔 좀 낫십듸다.
就是了。 그러치오.

应用會話第四十三章

聽說您陞ᄉᆼ到外任신去了, 今兒我特意
來給您道喜시來了。 드르니 당신이
外任을 ᄒ여 가신다기예 오늘 늬가
特別이 당신게 致賀 왓십이다.

不敢當, 實在勞駕的很。 不敢當, 참 오
시기에 미우 슈고ᄒ엿십이다.

我這有一點兒送行的薄쎄儀이, 千萬您
哪別推辭。 늬 이 조고만흔 餞別品
이오니, 당신 千萬에 拒絶ᄒ지 마옵
시오.

您這實在費心得더很, 我可不敢領。 당
신 참 미우 잇쓰세십이다. 나는 敢
이 밧지 못ᄒ겟십이다.

您若是不收쓔下, 就是嫌쎈這禮太薄바
了。 당신 만일 밧어 두지 안이ᄒ시
면 곳 이 禮物이 너무 薄ᄒ여셔 ᄒ
시는 거시올시다.

您若是這麼說, 我再推퇴却췌就不恭꿍
了, 謝謝您哪, 我承ᄎᆼ領就是了。 明
兒個我必到貴館辭行去。 당신 만일
이러케 말삼ᄒ시면 늬 또 退却ᄒ는
것이 不恭ᄒ닛가 고마옵십이다. 밧
는 것이올십이다. 來日 늬 貴舘으로
告別ᄒ러 가겟십이다.

不敢當, 您到省就可以赴우新任去麼?
그것은 不敢當이임다. 당신 省에 가

셔셔는 곳 可以 新任으로 가십잇
가?

是, 到省之後就可以到任, 然後纔能派
파人來接졔家眷콴哪。 네, 省에 가셔
는 곳 可以 到任ᄒ고 然後에야 能이
사름 보늬여 家眷을 다려가겟소이
다.

那麼, 一切체行싱囊랑都預위備뻬齊截졔
了麼? 그러면 一切行裝은 죄다 准
備되엿십잇가?

也沒甚麼, 筭是都歸쎄着齊了。 거진 무
엇 다 된 셰음이올시다.

您走後, 像您這傢쟈俱쮜都安置지在那
兒去呢? 당신 가신 뒤에 당슨 이
세간 신튼 것는 모다 엇다가 갓다
두십잇가?

我想這些東西總得더寄지放ᄫᅡᆼ我們親戚
치家, 以後再回來的時候兒用之方便
삔。 늬 싱각은 이 物件들은 엇지던
우리 親戚에 집에 믹씨여 두면 以後
다시 도로올 쎄에 쓰기가 미우 便利
ᄒ올 듯ᄒ여요.

是, 這倒不錯。 네, 이거시 관긔찬소.

我現在甚麼都不短돤了, 就是還少一個
長ᄎᆼ隨쒜, 您意中現有妥當人沒有,
求您給擧쮜薦젠一個來行麼? 늬 즉

금 무엇 다 덜되지 안코 곳이 下人 ㅎ나이 업는듸 당신 心中에 適當ㅎ 사름이 잇거던 당신 호 箇 薦擧ㅎ여 쥬시겟소?
是, 這件事等我回去, 細시細兒的想一想誰合式의, 我給您打發一個來就是了. 네, 이 일은 늬 집에 가거던 仔細仔細 싱각ㅎ여 보아셔 뉘가 合當ㅎ면 늬 당신게 ㅎ나 보늬오리다.
那麽費您心罷. 그러면 당신 이 좀 쓰십시오.

应用會話第四十四章

久쥬蒙멍閣下照拂우, 實在是感깐謝得很了, 前幾天敝國來電招쟈我回去, 所以特來辭行. 오릭 閣下에 指導를 입어서 참 感激키 딕단ㅎ더니 몃칠 전에 敝國셔 電報가 와서 나를 도라오라고 부러셔 特이 告別을 왓십이다.
哦어, 我聽說來着져, 正要上您那兒給您送行去. 어, 늬가 말을 드럿셧소. 당신게 餞送을 가랴고 ㅎ는 中이오.
那倒不敢勞您駕, 您這得데多咱쟌起身 얜呢? 그는 敢이 오시라 슈 잇십잇가? 당신 이 언제 써나시게 됨잇가?
不久的就要動身, 大概就在這三五天之의內네罷. 오릭지 안어 곳 써겟십이다. 아마 곳이 三五日內 되겟십이다.
您這一去, 咱們不知道多咱纔能見졘哪. 당신 이번 가시면 우리가 언제나 能이 맛날지 모르겟구려.
後會自然有期치, 可不能預위定就是了. 뒤에 만늘 늘이 잇겟스나 그러나 能이 預定치는 못ㅎ지오.
我這兒有一個銅퉁壺후、瓦와硯옌, 聊랴表뾰我相쌍戀롄之情, 請您別推辭. 送行的程쳥儀이, 改日再送到貴舘去. 늬 여긔 ㅎ 긔 銅壺와 瓦硯는 나의 相念之情을 表ㅎ는 것이니 당신 拒絶 마십시오. 餞別品은 他日 다시 貴舘으로 보늬겟십이다.
程儀不程儀您不必多禮了, 這些個厚휵儀, 我都實領就是了, 我這兒有一個金表뾰送您作예個記지念, 請您賞臉千萬別推辭. 餞別品이고 말고 당신은 너무 禮節을 찻지 마십시오. 이 여러 箇 厚儀는 늬가 다 밧십이다. 나의 이 ㅎ 긔 金時表는 당신 紀念品 삼으시고 千萬에 拒絶 마시고 당신 바드십시오.
那麽, 咱們對謝就是了. 네, 그러면 우리가 맛 致謝ㅎ시다.
將來還求閣下不遺이在遠, 時惠희箴젠言얀, 俾쎄得더有所遵쭌循쒼, 以이廣

쌍見聞원纔好。將來 쏘 閣下 머리 잇다 바리지 마옵시고 쩌쩌로 箴言을 쥬셔셔ᄒᆞ야곰 遵循홀 바 잇셔써 聞見을 널피믈 어드면 돗케소이다.

咱們心照就是了，兄弟素쑤日시承您抬티愛，您還這麼客氣哪。您回去之後，總祈츄[치]時加쟈珍쩬重，路上還要處處兒留心，但願福우星싱伴빤君쥔，我們是所祝츄[치]禱됴的。 우리가 마음으로 빗치지오. 뎌가 平日에 당신의 사랑ᄒᆞ심을 입어는듸 당신 쏘 이러케 스양ᄒᆞ십잇가? 당신 回去ᄒᆞ신 後에 엇지던 時加珍重ᄒᆞ시고, 路上에도 處處에 操心ᄒᆞ십시오. 다만 福星이 伴君ᄒᆞ기를 이 우리가 祝禱ᄒᆞ는 비올시다.

多謝您納吉지言，閣下回到府上見了令尊쭌、令堂二位大人，替我請安。당신의 吉言이 듸단 고마옵십이다. 閣下宅에 도라가셔셔春府, 萱堂 二位 大人게 問安ᄒᆞ여 쥬십시오.

謝謝，必給您都提到，我就是不在這兒，閣下若是有事情，不拘甚麼時候兒竟管示의知죄。고마옵십이다. 다 말삼ᄒᆞ지오. 닉 곳 여긔 잇지 안를릭도 閣下 일이 잇거던 아모 쩌던지 말슴만 ᄒᆞ십시오.

您若是定規日子起身，求您告訴我說，我好送行셩。 당신 만일 쩌나실 日子 定ᄒᆞ셧거던 당신 닉게 말슴ᄒᆞ여 쥬십시오. 닉가 餞別ᄒᆞ러 가긔 됴케오.

閣下別費心，我這兩天忙得더很，不在家的時候兒多。您不必勞駕，就在這兒告一告辭，就筭了。閣下 이쓰지 마옵시오. 닉 이 흔 잇틀은 듸단 밧버셔 집에 업슬 쩍가 마느니 당신 오실 거이 아니라 곳 여긔셔 作別ᄒᆞ면 고만이올시다.

那有這個道理呢? 엇지 이러홀 도리가 잇겟소?

咱們就這樣罷。우리 이러케 ᄒᆞ시다.

後會有期。맛늘 놀 잇지오.

応用會話第四十五章

您的表甚麼時候兒了? 咱們倆對一對。 당신 時表가 언늬 쩍요? 우리 맛쳐 보십시다.

我的表没准쭌兒，瞧瞧鐘去罷。 나의 時表는 准지 못ᄒᆞ니 掛鐘을 가 보시오.

怎麽了睡了覺了? 該擦예油유泥늬了罷? 엇지 잠을 자오? 쎠를 쎼여야 되겟나보구려.

我今兒旱〔早〕起忘了上弦쎈了。오늘 아침에 틔럽을 아니 감엇셰요.

我先前有一個表，走着저走着站住了，我以爲웨是忘왕了上弦了，誰知道弦滿만着哪，我一擰녕, 丕把파弦擰녕折여了。닉가 以前에 一箇 時表가 잇셔는듸 잇다금 잇다금 스긔에 나는

틔렵을 아니 감엇나 ᄒᆞ엿더니 뉘 아렷소? 틔엽이 잔득 찻겟소. ᄂᆡ가 ᄒᆞᆫ 번 트다가 파 ᄒᆞ더니 틔엽을 ᄭᅳᆫ어터렷소.

那總得데送到鐘表舖，配페一盤판新條纔好哪。그 엇지던 時計舖에 보ᄂᆡ셔 ᄒᆞᆫ ᄀᆡ 식 틔엽을 ᄎᆡ이여야 되겟소.

是，鐘現在幾下兒了？ 네，종이 즉금 멧 뎜이오?

現在三點兩刻커十分了。즉금 셕뎜 이 각 십분이오.

我拈〔估〕ᄉᆞ摸머着是快點兒了罷？ 난 어림에 좀 더 가오.

不快，還慢哪。더 가지 안어요. 오히려 더듼걸요.

敢情還是這麼早啊，您的挂鐘走的很準麼？ 그런 주를 몰나더니 또 이러케 일은가요? 당신의 掛鍾이 가기를 쑉 ᄒᆞ오?

也不筭很準，還是有毛病，今兒把他撥새准了，明兒就快了。我不知道毛病是在那兒，是在擺쎄上，大概是鈋뤄擰的不合式罷。ᄆᆡ우 准的지 못ᄒᆞᆫ 셰음이예요. 또 이 病이 잇셔 오늘 맛치면 ᄅᆡ일은 더 가니 난 흠졀이 이 어ᄃᆡ 잇는지 알 슈가 업소. 이 츄에 잇는ᄃᆡ 츄 틀기를 不合當ᄒᆞ게 ᄒᆞᆫ 거신가 보아요.

或是輪룽子那兒有點兒毛病，拾의掇둬拾掇就好了。或 박퀴 어ᄃᆡ 좀 病집[①]이 잇는지 곳치면 되지요.

是，我還聽說您買了一個表，是明殼커兒的麼？ 네，ᄂᆡ 들으닛가 당신 ᄒᆞᆫ ᄀᆡ 時表를 삿다는데 이 ᄯᅡᆨ지 업는 것이오?

不是，是暗안殼커兒的，是個把兒上弦쎈。아니요. ᄯᅡᆨ지 잇는 것인데 자로로 틔렵 감는 것이예요.

应用會話第四十六章

張장師의傅ᄋᆔ在櫃上了麽？ 張師傅 가ᄀᆡ에 잇소?

您請裏邊坐。드러 안지십시오.

我們主人派픠我來請您哪。우리 主人이 나를 보ᄂᆡ여 당신을 請ᄒᆞᆸᄃᆡ다.

甚麽事情？ 무슨 일이오?

聽說是建젠築쭈的事情，您一去就曉쌰得더了。드르닛가 建築之事인가본ᄃᆡ 당신 가시면 아시리다.

現在我還有點兒事，等我把房圖투畫得了我就去，那麽着您先行一步부罷。즉금 ᄂᆡ가 또 조금 일이 잇스니 ᄂᆡ 이 圖形을 그려 노코 ᄂᆡ 곳 갈 터인ᄃᆡ 그러케 ᄒᆞ시오. 당신 먼져 좀 가십시오.

---

① 病집: 毛病. 결점.

那麼我先走了, 您總要去的放心罷。 그러면 난 먼져 가니 당신은 오시오. 넘녀 마르시오.

回先生知道, 張師傅一會兒就來。 先生케 엿쥬옵니다. 張師傅가 좀 잇스면 옵이다.

他在樻〔櫃〕上幹甚麼了？ 그가 廛에셔 뭇어슬 ᄒᆞ드냐?

房圖了總是手蓺이人, 眞忙啊。 집 圖形을 그려요. 엇지던 지됴아치①라 참 밧붐듸다.

你出去等張師傅來了, 領來他見我。 너 나가셔 張傅〔師〕師〔傅〕 오거던 듸리고 와셔 나를 보여라.

喳, 張師傅來了。 네이, 張師傅 왓십이다.

進來罷, 請坐請坐。 드러오시오. 안지시오.

有坐有坐, 您招我有何事情？ 안질 듸 잇십이다. 당신 나를 오라 ᄒᆞ심은 무슨 일이오닛가?

我打算盖셰一處추樓루房, 前些日子有你們同行金于워山、 魚워得더水、 楊양得더山、 苗뫄得雨、 萬事通통, 他們先後到我這兒來已經都定規了。 然而얼價錢還沒定局귁, 今天請你來看看我那房基지的地勢시、 坪평數쓔, 畫一分兒詳細房圖투。 至지於工料료價值즤 你們斟쩬酌줘定箅送來, 我再把他們的找來, 讓샹你們看圖拈〔估〕구價。

若是那家便ᅋᆁ宜이, 就令렁那家包바做。 난 혼 座 洋屋을 짓게는듸 몃칠 前에 그듸들 同業者 되는 金于山、 楊得山、 苗得雨、 萬事通 그드리 先後로 늬게 와셔 임이 다 規定ᄒᆞ엿스나 그러ᄒᆞ나 價金은 아즉 結定치 아니 ᄒᆞ여는듸 오늘 君을 請來홈은 나의 그 집터의 坪數를 보아서 혼 張 詳細혼 圖形를 그리고 工料價値 히셔는 너의가 짐작ᄒᆞ야 定算ᄒᆞ여서 가져오면 늬 다시 그들 것을 차져다가 너의를 쥬고 圖形 보아 價額을 어림히셔 만일 뉘 집이 싸면 싼 듸로 식키겟소.

那麼着, 您領我看看那個地方。 그러면 나를 듸리고 그곳에 가 보십시다.

就是這兒。 곳 여기요.

哼〔哼〕응, 咱們走罷。 응, 우리 가십시다.

就是這兒。 곳 여기요.

好一座的地勢呀, 天然造짜就쪄的, 眞山眞水呀。 둇소. 터 天然作으로 된 眞山眞水로구려.

有甚麼好呢？ 不過將就着居쥐住而얼已이罷。 你看這地勢, 何處應當建造樓臺틔水閣꺼、 凉량亭텽、 魚워池、 花園완子、 打球츄場챵甚麼的, 你就看着辦罷。 무엇시 둇소? 不過 그런 듸로 居處홀 만ᄒᆞ지오. 여보 ― 보

---

① 지됴아치: 手藝人. 재주꾼.

시오. 터를 엇다가 應當 樓臺, 水閣, 造ᄒ겟나? 君이 곳 보아셔 ᄒ시오.
凉亭, 魚池, 花園, 運動場 무엇슬 建 就是罷。 그러케 ᄒ십시오.

应用會話第四十七章

你們有甚麼菜, 你一報。 너의게 무슨
菜가 잇는지 말ᄒ여 보아라.

是。 紅燒ᄊᅶ翅최쯔子、菊쥐花鍋궈子、清
蒸ᄶᅥᆼ翅子、燒鴨야子、黃悶鴨塊兒、
膾회鴨丁딍兒、糟ᄍᅶ鴨掌장、膾鴨舌
ᄸᅥ、膾鴨條탈、清蒸鷄지、黃悶먼鷄
지、鍋燒ᄊᅶ鷄、膾鷄絲쓰兒、尖젠瓚
ᄭᅡᆫ鯉리魚、紅燒魚塊兒、糟ᄍᅶ溜魚片
펜兒、膾萬魚、油워魚 [爆] 밧肚뚜
兒、醃얀魚 [爆] 밧肚兒、魚 [爆] 밧
肚뚜仁ᄉᆡᆫ兒、膾三仙쎈、膾三丁兒、
膾散싼旦잔、果궈羹ᄀᆜᆼ、清蒸蓮렌子、
清蒸ᄶᅥᆼ山藥야、三仙쎈丸완子, 您要甚
麼好? 녜. 홍ᄊᅶ최쯔, 쥐화궈쯔, 칭
ᄶᅥᆼ최쯔, ᄊᅶ야쯔황먼야쾌얼, 회야ᄶᅥᆼ
얼, ᄊᅶ야장, 회야ᅄᅥ, 회야탈, 칭ᄶᅥᆼ지,
황먼지, 궈ᄊᅶ지, 회지쓰얼, 젠ᄭᅡᆫ리
위, 홍위쇄싼얼, ᄊᅶ루위펜얼, 회만
위, 여밧얼, 얀밧뚜얼, 밧뚜ᄉᆡᆫ얼, 회
싼쎈, 회싼띵얼, 회싼잔, 궈ᄀᆜᆼ, 칭ᄶᅥᆼ
렌쯔, 칭ᄶᅥᆼ싼야, 싼쎈완쯔, 당신 달
나십시오. 무엇이 둇십잇가?

先來四個壓야桌궈楪 [碟] 데兒, 火腿
퇴、松ᄉᆜᆼ花、糟ᄍᅶ鴨子、燻쉰魚、來
一個魚四作兒、紅燒魚頭、膾萬
魚、醬장汁지鯉魚中段돤兒、魚片兒、
來半隻燒鴨子、帶片兒餙버餙。 먼저

四箇 야쥐데얼에, 훠퇴, 우화, ᄊᅶ야
쯔, 쉰위 가져오고, ᄒ나는 生鮮으
로 네 가지 민든 것, 홍ᄊᅶ위퉈, 회만
위, 쟝지리위즁돤얼, 위펜얼 가져오
고 반쨕 쌰야쯔에다가 펜얼버버를
쎠셔 가져오나라.

您要甚麼酒? 당신무슨 슐을 달나십
잇가?

你們這兒都有甚麼酒? 너들게 무슨
슐이 잇느냐?

壯쟝元웬紅훙、玫瑰웨露루、蓮렌花白、
史쓰國公궁、五加쟈皮피、紹ᄊᅶ興싱
酒、黃酒、燒酒。 쟝웬훙, 메쉐루,
렌화쎄, 쓰궈궁, 우쟈피, ᄊᅶ싱쥬, 황
쥬, ᄊᅶ쥬올시다.

來兩壺白乾잔兒, 再來黃酒, 兩個盅ᄎᆜᆼ素
수兒, 我們先喝着。 쎄잔얼 두 근 가
져오고 ᄯᅩ 황쥬에 두 기 쭝쑤얼을
가져오나라. 우리 먼져 먹게.

您還要甚麼點心? 당신 ᄯᅩ 무슨 菓子
를 달나심잇가?

這兒有甚麼點心? 여기 무슨 菓子가
잇는냐?

門丁兒、燒菱링、韭쥬菜얘摟루、春捲촨
兒、水워晶징包밧兒、湯탕麵몐、餃쟈
兒、風뻥餞ᄯᅡᆫ、水餃子、絲兒餠、悶
爐루兒、燒餠빙。 먼띵얼, ᄊᅶ링, 쥬얘

루, 춘쳔얼, 쉬징반얼, 탕몐, 쟈얼, 얭
쌱, 쉬쟌쓰, 쓰얼썽, 먼루얼, 쏴썽이올
시다.
你給配페甜톈的、醎〔鹹〕쎈的、佩페來
四樣兒。너 단 것, 짠 것 치여셔 네
가지만 겻드려 가져오느라.
老爺, 您的底듸下人, 他們吃甚麼呀？
老爺, 당신의 下人 그들은 무어슬
먹십잇가？
哦, 給他們一個木무樨쉬肉、十錦진豆
쮸腐얖、叫他們先喝酒, 吃春餅、炒챠
合菜、攤탄黃菜、鹹肉絲兒、炒韭
쥬菜옏、就得了。어, 그들은 흔 무쉬
슈, 쒸진쮸얖 히셔 그들더러 먼져
슐 먹고는 춘삥, 챠허옏, 탄황옏, 쎈슈
쓰얼, 챠쥬옏 먹으라면 되겟다.
堂官兒。탕콴얼.
喳。녜이.
撤쳐傢쟈伙훠、開單子來。그릇 치고 發
記 적어 오느라.
喳, 老爺, 您請漱수口, 擦臉, 這是牙야
籤쳰兒。네이. 老爺, 양치ᄒᆞ시고, 얼

골 문지르십시오. 이거는 이쏘시기
올시다.
老爺, 單子開來了。老爺 發記 적어 왓
십이다.
這單子連底下人吃的都在其內녜麽？
이 發記에 下人 먹은 것신지 다 그
쇽에 잇느냐？
喳。녜이, 됴십이다.
這是十塊錢, 下餘위的賞你們酒錢。이
것이 十圓인데 남져지는 너들 슐갑
일다.
謝謝老爺, 您聽戱시不聽戱啊？您要喜
歡誰家, 好給您貼톄座兒去。고마옵
십이다. 老爺, 당신 演劇 구경ᄒᆞ십
잇가 안 ᄒᆞ십잇가？ 당신 뉘 집을
됴아ᄒᆞ시는지 당신 위ᄒᆞ여 가셔 자
러 잡긔가 됴케십이다.
哼〔哼〕, 今天有事, 不聽戱了, 給我
套탸車來。응, 오늘 일이 잇셔 구경
안케다. 車 믹여다오.
老爺, 您回去了？老爺 가십잇가？

应用會話第四十八章

我來貴國日子不多, 一切風엥土투人情,
還都不大曉得, 我要領教您納。나는
貴國에 온 지가 얼마 아니 되여셔
一切風土人情을 아즉 잘 몰나 난 비
오고져 ᄒᆞㅂ이다.
好說, 您說罷, 是甚麼事？ 됴흔 말삼

이오. ᄒᆞ십시오. 이 무슨 일이오닛
가？
比비方빵說, 有一家兒辦喜事, 我去應該
說甚麼？送甚麼禮物呢？假量 말
ᄒᆞ쟈면 뉘 집에 慶事 지닉는 이가
잇스면 닉가 가셔 應當 무엇시라 말

ᄒᆞ며, 무슨 禮物을 보뇌오?
這辦喜事不同, 或휙者是娶평閨꿰女뉴娶취媳의婦부兒, 或휙是辦壽日, 小孩兒滿月, 都叫做喜事. 要去行人情的時侯〔候〕兒, 也就是道喜或是拜壽, 没別的話. 이 慶事 지닉는 것시 신지가① 아는듸요. 或 이 閨秀의 出嫁와 男子의 娶妻라던지 或 生日 지닉는 것, 小兒의 三七日이 모다 慶事 지낸다고 ᄒᆞ는듸, 가셔 인ᄉᆞ코져 홀 셔에도 곳 이 道喜, 或 拜壽라 홀 ᄲᅮᆫ이오. 別것 업지오.
那麼, 禮物送甚麼呢? 그러면 禮物은 무엇슬 보닉오?
這也是幾等、幾樣兒, 看交情的厚휘薄쎄. 이 亦是 몃 等 몃 가지인데, 交分厚薄에 달엿지오.
是, 要提娶娉평說罷? 네, 娶娉으로 말ᄒᆞᆯ 것 ᄀᆞᆺ트면요?
交쟈情厚휘的有送寧녕綢쳐、洋綃쟈衣料兒, 或휙靴훼子帽모和珍쩐珠주首슈飾의甚麼的, 再加쟈上喜敬징若干깐銀兩或奩렌敬, 若干銀都使得. 交分 厚ᄒᆞᆫ 이는 寧綢, 洋苧紗 옷감이던지, 或 墨靴帽子와 珍珠首飾 무엇이오. 또 喜敬 若干 銀 或 奩敬 若干 銀 모다 그러치오.
那麼, 交情平常的呢? 그러면 항용②

交分에는요?
那就挂과個帳子, 上多兒錢的分펀子也就得了, 再次就是幾塊錢的分子. 至於送拜壽之禮, 也有帳子、壽桃또、壽麵、壽酒、壽燭쥬、炕〔鞭〕삔炮파、袍파褂과料、八仙人子, 猪쥬羊、米麵. 要是很少, 壽桃、壽麵, 那是總得送的. 그는 곳 帳ᄒᆞ여 보닉고 얼마 돈 單子 올여도 되고, 再次는 몃 圓 돈 單子요, 生日 보러 가는데 보닉는 禮도 帳, 壽桃, 壽麵, 壽酒, 壽燭, 딱충, 두루믹긔 次, 八仙人 글인 帳, 猪, 洋, 쏠, 밀가루, 만일 미우 젹고 보면 壽桃餅, 壽麵이 그 모다 보닉는 것이지오.
那麼小孩子兒滿月呢? 그러면 小兒의 滿月에는요?
這個事先從洗시三說, 敝國的風俗유, 小孩兒初추生第三天名叫洗三, 親戚朋평友유也就是送鷄子兒和點心、小米兒、紅糖탕、挂麵等類레, 或四樣兒, 或兩樣兒都可以. 이 먼져 三日 늘노부터 말ᄒᆞᆸ시다. 敝國風俗이 小兒 初生ᄒᆞᆫ 지 第三日을 洗三이라고 ᄒᆞ는듸 親戚朋友가 또 雞卵과 菓子, 좁쏠, 紅糖, 日本麵等類 或 니 덧 가지 或 두어 가지 다 可ᄒᆞ지오.
滿月也送這個麼? 滿月에도 이거슬

---

① 신지가: 同. 같지가.
② 항용(恒用): 平常. 흔히 늘.

보닉오?
不是, 滿月送的也不一樣, 可不外乎후
甚麼孩兒式金銀鈴링鐺땅、壽쓔星싱
老項항圈콴等類례, 或金, 或銀, 或包
金, 都是隨意, 再搭짜上針쩐綫썬和彌
미敬, 或帶쩨鈴링、銀錢, 若干亦이無
우不可。 아니오. 滿月에 보닉는 것

이 亦 흔 가지가 아니지마는 무슨 孩
兒式金銀방울, 壽星老 먹도리① 等類
에 不外혼데 或 金, 或 銀, 或 鍍金
모다 마음딕로 호고 또 針線과 彌敬
或 帶鈴, 若干 銀錢 언는 것도 亦無
不可올시다.

応用會話第四十九章

趙子川촨先生在家了麼？ 趙子川先生
게십잇가？
是, 那位？ 네, 누구시오？
是我呦여. 네, 닉여.
起馨싱先生麼？ 啊, 請進來, 請坐請
坐。 起馨先生이오？ 드러오시오.
안지시오.
我不坐着저了。 나는 안지 못호겟십이
다.
忙甚麼了？ 무엇시 밧부시오？
我打聽您一件事。 난 당신게 혼 件 일
을 아러 보겟소.
甚麼事？ 무슨 일이오？
幹깐臣천先生現在住在那兒？ 幹臣先
生이 즉금 어딕셔 사오？
啊, 您問陳천先生他住在那兒, 我可就
知道了。 您起首由這兒出東大門奔
쪤永융導다오寺쓰, 過去東山向썅南一拐
쾌, 就是淸涼里停車場, 您買張車票
就上車, 等到南大門驛이下車, 出了

딴停팅車場챵的前門趕緊上電車, 看
着到鍾路下車, 您就別坐車了, 步行
兒往西走, 約웨摸머着저有里數地,
那邊有一個巡쉰捕뿌房, 那就是毛마
橋챠的地方。 由那兒向南大馬路直
走, 等〔等〕走到有一座高樓房, 那
是京城日報社예。 由那個地方向南
拐쾌, 別拐大了, 若是拐大了, 就上
了英영國領事舘衙門了, 那可是個死
衚衕兒。 您總得데好好兒的打聽打
聽, 是得데上西小門去的馬路纔行
哪。 您若是走到志즈甫부洋服얜店門
口, 他那左邊有一個往西南去的小衚
衕兒。 您就由那兒往裏走罷, 走不遠
就有一座樓房是西南向, 門口釘띵
着門牌, 上頭寫쎄着的是, 太平通二
丁目三百十七番옌一號户후, 那就是
陳先生的住處。 您明白了麼？ 당신
陳先生 그의 어딕셔 사는 것슬 뭇
소, 나는 아지오. 당신 첫딕 여긔로

---

① 먹도리: 項圈. 목걸이.

셔 東大門을 나가 永導寺를 다ᄃᆞ러셔 東山을 너머가지고 南으로 쩌그면 이 淸凉里停車되 당신 車票 ᄒᆞᆫ 쟝 사 가지고 곳 車에 올나 南大門驛에 닷거던, 車에 ᄂᆡ리여 停車場前門으로 나와 쌀리 電車를 타고 거진 鍾路 와셔 車에 ᄂᆡ려 당신 곳 車 타지 말고 거러셔 西으로 가기를 어림에 일 ᄆᆞ쟝① 되면 거긔 ᄒᆞᆫ 긔 支所가 잇ᄂᆞᆫᄃᆡ 그곳 毛橋이온다. 거긔셔 南쪽 큰 行길로 바로 거러셔 一座 큰 層 집 잇는 ᄃᆡᄭᆞ지 가게 되면 그것은 京城報日社인ᄃᆡ 그리로셔 南으로 쩍긔되 만이 쩍긔지를 마르시오. 만일 너무 쩍긔면 英國領事舘으로 가는 ᄃᆡ인데 그거는 막다란 골먹이온다. 당신 엇지던 이 西小門으로 가는 큰길을 잘ᄌᆞᆯ 무러보아야 되리

다. 당신 만일 志甫洋服店門前ᄭᆞ지 가면 그에 그 左邊에 ᄒᆞᆫ 긔 西南으로 가는 小 골먹이 잇스니 당신 곳 그리로 희셔 드러가시오. 얼마 아니 가셔 곳 一座洋屋이 잇ᄂᆞᆫᄃᆡ, 西南向에 門口에 박은 門牌 우에 쓰기를 이 太平通二丁目三百十七番一號戶라 ᄒᆞ야ᄂᆞᆫᄃᆡ 그곳 陳先生의 사는 데요. 당신 明白ᄒᆞ시오?

哼〔哼〕형, 您不說, 我還找着去的快。您這麽一説, 簡直的我又走了有三十多里地。형, 당신이 말을 아니ᄒᆞ엿스면 ᄂᆡ 오히려 차져가기를 速키 ᄒᆞ엿슬 거를 당신이 이러케 말삼ᄒᆞ니까 바로 곳 ᄂᆡ가 三十余里를 더 걸을 ᄯᅥᆫᄒᆞ엿소.

您既知道, 何必問我呢? 당신 임이 아럿스면 何必 ᄂᆡ게 뭇소?

応用會話第五十章

哦, 您觧那兒來呀? 纔下車麽? 어, 당신 어듸로셔 오시오? 인졔 車에 ᄂᆡ렷소?

我從家裏來。난 집에셔 옵이다.

您府上都好罷? 당신 宅이 다 無故ᄒᆞ시오?

托您福都好, 您也好啊? 당신 덕분에 다 無故ᄒᆞᆷ이다. 당신도 無故ᄒᆞ시오?

好啊您納, 咱們倆這一熀〔晃〕兒有幾年没見了? 無故ᄒᆞᆷ이다. 우리가 이 동안 못 본 지가 몃 ᄒᆡ나 되엿소?

哈하, 有五六年了罷, 現在這兒的市面都改變쪤了, 簡젠直的我都認不出來더〔래〕是那兒了。하, 五六年 되엿지오. 즉금 여긔 市面이 다 變改가 되여셔 아조 나는 모다 어듸인지 모르겟소구려.

---

① ᄆᆞ쟝: 里. 마쟝. 거리의 단위.

是麼？ 比從前那幾年都差的多了, 您這趟進京是有甚麼公幹來呢？ 그렷소？ 以前 몃 히보다 모다 만이 트리지오. 당신 이번 셔울 오신 거슨 무슨 볼일이 게시여 오셧십잇가？

我這趟辦貨來了。 난 이번 오기는 物件을 허러 왓지오.

您打算買甚麼貨呀？ 당신 무슨 物件을 사실 預算이심잇가？

我是販點兒洋廣雜貨, 不知道誰家的好歹, 您知道麼？ 나는 좀 洋廣雜貨를 하겟는듸 뉘 집이 됴은지 아지 못ᄒ니 당신 아심잇가？

我有一位朋友在這西城開着一個洋行, 價錢也都不貴。 니 혼 분 친구가 이 西門內에서 혼 기 洋行을 닉인 이가 잇는듸 價文도 다 빗삿지 안치오.

那很好了, 他納那兒是甚麼字號？ 그 미우 둇소. 그분 거긔가 이 무슨 字號요？

他是天合利洋行, 掌櫃〔櫃〕的姓李, 您到那兒一提我, 他格外的總有關照的。 그는 天合利洋行인듸 掌櫃의 姓은 李哥이지오. 당신 거긔 가셔셔 니 말만 ᄒ시면 그가 特別이 엇더던 잘ᄒ여 쥬리라.

實在是好極了, 請您告訴我, 他住在甚麼地方兒。 참 이 미우 됴소구려. 당신 나를 그이가 어듸셔 사는지 갈아 쳐 쥬십시오.

他住在西四牌樓轉塔兒衚衕裏邊兒, 一進口往西走不遠兒, 再往北一拐灣兒, 儘溜頭兒, 一扭身西南嘎拉兒, 有一座高起門樓, 門口兒上挂着招牌, 您一瞧就知道了。 그가 西牌樓磚塔兒 골목 안에서 사는듸 골목 드러가셔 西으로 좀 가다가 다시 北으로 쎡겨 도라 민 구셕 박이인듸 슬젹 돌쳐셔며 西南角 그 소슨 大門이고 門口에 廣告牌를 다러쓰니 당신 보시면 곳 아시리다.

您辛苦。 辛苦ᄒ십이다.

您來了, 請裏邊坐。 오십잇가？ 안지시오.

請坐請坐。 안지시오.

您貴姓？ 뉘 댁이십잇가？

我賤姓王, 没領教您哪。 니 姓은 王哥올시다. 당신은 뉘신지오？

豈敢, 我姓李。 豈敢, 니 姓은 李哥올시다.

久仰久仰。 오래 듯자와십이다.

我有一位朋友, 張二爺您曉得不曉得？ 니가 혼 분 親舊가 잇는듸 張二爺이지오. 당신 아시오 모르시오？

哦, 您提張二爺, 那是我至好的朋友。 어, 당신 張二爺 말솜을 ᄒ시니, 그는 나의 디단 됴와ᄒ는 朋友이지오.

啊, 前天我一下火車, 我就碰見張二爺了。 我們二位也是相好多年, 彼此都没甚麼講究。 아, 再昨日에 니가 火

車에 닉리면셔 곳 張二爺를 맛나 보앗지오. 우리 두리도 亦是 多年 親舊로 彼此 다 무슨 슝허물 업지오.

哦어, 我早已就聽見張二爺提過您哪, 實在失敬得很哪. 어, 닉가 발셔 곳 張二爺가 老兄 말솜ᄒᆞ는 거슬 드럿는듸 참 미우 失禮올시다.

好說, 我到您這兒打筭買一点兒東西. 됴흔 말솜이올시다. 닉가 당신게 오기는 物件을 좀 사랴고 흅이다.

您買甚麽東西? 당신 무슨 物件을 사십잇가?

我這兒有單子, 請您看一看. 네, 여긔 掌記가 잇스니 당신 보시오.

哦어, 照着單子上的貨物, 現在有幾種没有的. 어, 掌記에 物品듸로는 즉금 몃 種 업는 것이 잇는듸오.

哦, 那幾種麼没有? 現在外邊的行항市 怎麽樣? 어, 이 幾種이 업셰요? 즉금 박갓 市勢가 엇더홈잇가?

行항市倒是不大. 市勢는 듸단치 안치오.

現在若是照着行항市定下, 東西可以甚麽時候兒到呢? 즉금 만일 市勢듸로 막치면 物件이 어늬 쩌나 오겟십잇가?

您若是批피定了, 等四十五天照樣兒交좌貨, 萬不能誤事. 당신 만일 契約 ᄒᆞ시면 四十五日 뒤에 樣子듸로 物件 드리고 아조 失期 업지오.

我批피定的貨物, 價錢是該怎麽辦呢? 나의 契約ᄒᆞ는 物件價는 인제 엇더케 ᄒᆞ십잇가?

我們這行裏的規矩是, 按二八交定錢, 貨到之後照數交錢. 우리 여긔 行에 規則은 二八按ᄒᆞ여셔 (每百圓에 二十圓) 約條金 交付ᄒᆞ고 物件 온 뒤에 數爻듸로 돈 칠으지오.

那麽, 咱們就這麽辦罷, 我失陪폐了. 그러면 우리 이럿케 흅시다. 난 가옵이다.

您忙甚麽了, 再坐一坐罷. 당신 무어시 밧부시오. 더 안져누시오.

咱們下月再見罷, 不送不送. 우리 來月에 쏘 뵈옵시다. 나오시지 마옵시오.

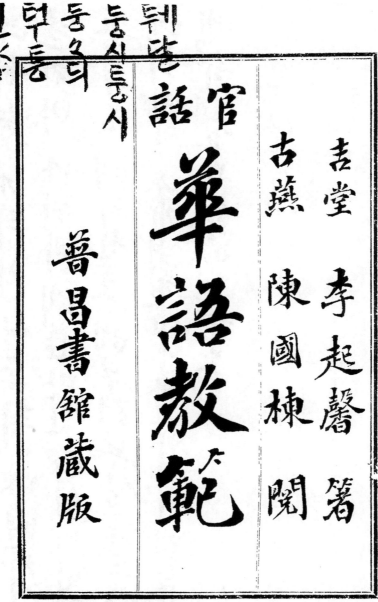

네귀슝 네듸화 나도취 나뎐취
눌리바 나취바 네슘마인 나얼듸인
눈부능 네듸신호 네부리부싱 나도바
네희뺜라 나개뾔필싼구바 나듸인네슘
녠슈 붓노예 눌도

華語教範 目錄 (官話)

- 第一編　陪伴用例
- 第二編　動詞用例
- 第三編　前實詞用例
- 第四編　副詞用例
- 第五編　形容詞用例
- 第六編　動詞及打消話用例
- 第七編　助詞用例
- 第八編　連續詞用例
- 第九編　應用會話

ⓐ도초 ⓑ동시난베 ⓒ동빗 ⓓ마틋 ⓔ동메까
뒌조듬바 ⓕ동시 대장마

32/117.

官話華語教範

陪伴用例 페싼융리

這 저	一個人 이거신
那 나	一個字 ᄋᆞᆼ즈
	一個月 웨
這	一位客 웨커
那	一口鐘 쿠죵
這	一口缸 쌍
那	

○ 一箇東西 둥시
○ 一箇燈籠 성렁
○ 一對驢子 되러쎄영
○ 一位先生 쎄영
○ 一口飯鍋 빤궈
○ 一頭騾子 허

官話華語教範　一

마　몡　만　무　무　무　몡　몡
　위　비ᇹ　듸　탄　투　지　녜　톈
　這　那　這　那　這　那　這　那　這

官話華語教範

一首 쎠ᅟᅥᆼ 詩
一眼 얀 井
一尾 웨 魚
一頭 뒘 蒜
一條 뒏 魚
一條 룽 龍
一條 루 路
一條 꾸 狗
一條 쎈 線

○塊 쾌 石頭
○架 야 廉子
○領 링 席子
○副 처 綢緞
○副 환 環子
○副 누 鈕子
○副 되 對子
○副 춘렌 春聯
○副 지최 機器

二

那 一團絲
這 一本書
那 一套書
這 一部書
那 一扇門
這 一道河
那 一道橋
這 一道紋
那 一隻牛

○塊手巾
○塊帕子
○疋綢緞
○牀氈子
○牀褥子
○件衣裳
○件事情
○套衣裳
○枝花兒

官話華語敎範

싼ㄱ 슴마화 싼ㄱ 슬라 쎈지 심마 씨학

쏘 這坐ㄱ 얭
시 쏘 這坐ㄱ 얭
시깡 那 싼 얭자
쏘챵 這 싼 ㅇ자
쏘타리 那 눙듸
싸쳰 這 사뼝
싸텬 那 사황
서녈뎨 중 쎄지
쌍유 싼거

○ 隻雞 지지
○ 隻羊 양
○ 隻船 촨
○ 隻手 쎡
○ 條腿 퇴
○ 塊墨 머
管筆 싼셰
○ 塊磚 잔
○ 片瓦 뗸와

○ 朶花兒 뒤무
○ 梁木頭 뒤
○ 粒丸藥 리완얕
○ 所房兒 쌔앵
○ 處房子 추
○ 頂帽子 싱맏
○ 頂轎子 쟢
○ 付丸藥 부
○ 擔柴火 단체휘

四

官話華語教範

왕훈	한왕	호	허	황	후	왼리
那이 這	那더 這	那 這	那 這	那 這	那 這	

一張 장떡餅
一塊 쟝姜
一塊 부布
一張 지紙
一張 궁弓
一盤 판찬條
一枝 뒤笛
一枝 쌔簫
一座 떡산山

○貼 데싸膏藥
○貼 진새金箔
○張 쥐桌子
○張 젠箋紙
○隻 야鴨子
○道 쿠口子
○道 위諭上
○座 쩌보라寶塔
○根 신위산魚竿

官話華語教範

어 위싱리 워듸화 유밍셴셩 사여부이여 야양부이양

웨이 뎐즁 一座廟 ○根竿子 샨

얼 뿌 / 나 하퉁 一座壜 앤

완 쩌 얼토 一匹馬 되마 ○把鎖頭 쒜또우

쳐 와약 一四驢 뤼 ○把刀子 쌔단

어거 쩌 위메이부슈 一桿槍 간챵 ○把鏟子 찬

우문 나 이쥰 一桿秤 쳥 ○把笤箒 꺌수

완썬 쩌 양휘 一架鷹 쟈영 ○雙襪子 쌩와

바 나 워최커라 一架鍾 쟈죵 ○隻眼睛 얀징

이자 쩌 윈 一箇表 뱌오 ○捲信紙 쟌신

치 쳰 춘 칙 추 추 추 춘 치
후 나 텐 텐 열 질 시 후
일   這 那 這 那 這 那 這 那
리 친 창 차   나
   치 바 오
      바

官 一 一 一 一 一 一 一 一
話 把 綱 根 棵 句 本 雙 對 尊
華 傘 草 葱 樹 話 帳 鞋 瓶 砲
語 앗 얃 냥 쭈 화 장 쎄 피 판
教
範

○ ○ ○ ○ ○ ○ ○ ○ ○
串 串 穎 顆 根 根 雙 張 軸
念 珠 圖 珠 鉛 繩 靴 畵 畵
珠 子 書 子 筆 子 子 兒 兒
넨 찬 루 키 츤 컨   적
     ㅈ ㅈ 첸   화

七

官話華語教範

작	這 一疋布 피
쟌	這 一正布 피
징청	那 一根草
장치	這 一根籌 쳑
쥬완	那 一輛車 량/처
젼톈	這 一盞燈 잔
저톈	那 一場雨 창/위
지샨	這 一塊地 듸
젼녠	那 一筆錢

○陣大風 쪈앵
○對椅子 이
○本冊子 쳐
○細柴火 휘
○架房栊 휘
○方硯台 앵뎬터
○副眼鏡 징
○對房栊 쳐

動ᄛ詞ᄊ用ᄋ例ᄅ第ᄃ一ᄋ章ᄌ

喫ᄎ	喝ᄒ	抽ᄎ	用ᄋ	嘗ᄎ
○	○	○	○	○
○	○	○	○	○
○	○	○	○	○

워我ᄋᄂ　我ᄋ　　我ᄋ　　　請ᄋ　　我ᄋ
喫喫ᄋ　不喝ᄋ　請請칭부　請用ᄋ써　嘗嘗
過飯앤　喝茶차커　抽抽ᄋ　用点덴　過一이
了了라　了罷바　了烟엔　罷心신　了嘗ᄋ

당신、진지、잡수셧소
난、먹엇섭이다
당신、차마섭시오
난、먹지아니ᄒ겟소
당신、담베잡슈섭시오
난、고티먹엇섭이다
당신、잡ᄋ슈섭시오
과즈、잡ᄋ슈섭시오
당신、맛보섭시오
나、맛ᄋ보앗섭이다

官話華語敎範

動詞用例第二章

他他라 他他 히還他 他他 我혣닉 我혣
沒沒메 沒走○ 不不부 얏要不 可不
○來來 ○走了 不能來 走走 커不去
나哪麼마 ㅣ哪麼 ○來麼 了啊아 ○去麼

그가아니 그가아 아즉안 그가오 나당신 나당신
기아니 갓셧소 갓슴 오지아 가겟심 가지아
○왓셔요 니함잇가 ○니옵니다 ○니가 는○가지아니홉오가

一○

動詞用例第三章

我幾七月裡走。 당신, 어느 달에 가옵니가。 난, 칠월에 가옵이다。

○○○ 走

去去了了三幾位位에。 멋분이, 가십。 계분이, 굿졔오

○○○ 去

我幾起怎麼마산旱走走。 당신, 엇더난, 륙로로 가케가옴이시다오

○○○ 走

○來來了了幾個個때 멋치, 왓십。 다섯시, 왓십이다

○○○ 來라

뭬昨뒈多쟌天 흥흥뒈到到的的 언제 온것입。 어제 온것입잇가

○○○ 到짜

官話華語敎範

궤판
데치판메유니

二

官話華語敎範

動詞用例第四章

走 ○○○
　我㒳這還히就沒메要走
　당신, 익 곳 가겠십이가.
　당신 입듸 아니가셧소.

到 ○○○
　一一天天텬져走走不到○到麼
　하로에 도 달홈○가
　하로에도 달치못홈

走 ○○○
　走要着走。很着受累麼
　거러셔가시랴ㅎ십잇가
　거러셔 는 민우 곤난히요

回회 ○○○
　當當샹天天回回不來來麼
　당일도라오십닛가
　당일도라오지못홈

去 ○○○
　我㒳去沒메過去。一過탕盪麼
　나, 신, 한번 ○가보앗지오잇가

二

動詞用例第五章

來	回희	來	走	去
○○○	○○○	○○○	○○○	○○○

我儞늬○來來○拿取취○來來了麽늬가、가지러왓소니

他是얘○回回○家家쟈너去去了麽네그、집에갓셰요

他他○走了剛來過了麽막그、단여왓。갓셔요

剛走。不曾회늰遠子즈兒了막잔○지。가오리얼마아니ㄴ○갓소

我儞○去去○赚看칸々々○去去。빅너○가가셔셔보보고고○오오리ㄴ다라

官話華語敎範

一三

官話華語敎範

前陳詞用例第一章

打 ㅼㅓ	上 앙	打	往 왕	從 충
○○○	○○○	○○○	○○○	○○○

○打打那家兒裏來來 ○我儘上上學堂兒去去 ○打打這那邊邊去走了呀啊 ○往往西那北麼去去了了 ○從從大小街路跑去了麼

당신, 어듸로셔오시오
난, 집에셔옵이다

당신, 어듸를가시오
난, 학교에가옵이시오

이리로, 가옵이다
그리로, 가옵이다

어듸로, 가옵드가
셔북으로가옵듸다

小路로갑드닛가
大路로다라납듸다

一四

前置詞用例第二章

往 왕 ○○○
從 충 ○○○
由 유 ○○○
在 쩨 ○○○
從 충 ○○○

他往這麼來哪
그가、이리로옵지오

他從這麼來
그가、이리로옵니가

他從東京來的
그가、東京으로셔옵이다

他從北京路來麼
그가、水路로온다흡듸다

說是由水路來
잇、水路로온다흡니가

在可 커에 前門 얼민 上 앙 的 데 車 처
어듸、에셔차를타는차오

○在這前門上的車
남문、에셔차타오

○從這門兒過去麼
이리、으로지나가옵닛가보오

○從南門兒過去罷
남문、으로지나가옵나보오

官話華語教範

一五

前實詞用例第三章

解제
○
○
○

 解㗪我解家裏來麼
 㗪是我解府上來
 당신, 뒥으로셔오십닛가
 네집으로셔옵니다

上양
○
○
○

 㗪上那兒去了
 我沒上那兒去
 당신, 어듸를가섯십닛가
 나, 어듸를아니가옵니다

到
○
○
○

 到這兒來麼
 㗪我這兒來了
 당신, 게오셧십닛가
 당신, 게왓셧십이다

解제
○
○
○

 解公園裏走了
 解公園裏來麼
 공원, 으로히셔옵이다
 공원, 으로다닙닛가

從
○
○
○

 從那個門出入呢
 都從後門走
 어느문, 으로다뒤문, 으로다닙닛가
 모다뒤문, 으로출입호지오

前實詞用例第四章

打〇〇〇
起치〇〇〇
到〇〇〇
替퇴〇〇〇
到〇〇〇

打〇打那兒運來的 / 어디셔, 실어온것이오
天津運來的 / 텬진셔 실어온것이오
〇起起天津買來的麼 / 텬진셔사 오십닛가
起上海辦來的 / 샹히셔 사가지고가파시오
販販쌘到〇那兒去賣 / 어디로, 만쥬, 로팔나가오
販到滿洲去賣 / 만쥬젹로팔나가오
有是엔약替替〇替我買的 / 뉘가, 당신을사쥰것이오
誰쒸人신替買的 / 이뉘가, 나를, 사쥰것이오
發안到安東縣 / 안동현으로부치시오
寄지到那兒罷呢늬 / 어디로, 보늬십잇가

官話華語教範

一七

副(부)詞用例第一章

官話華語教範

쌰 早	깡 剛	샹 직	쥬 就	콰 快		웨 最	헌 很	콰 快	만 慢		파 怕	티 太
○	○		○			○		○			○	
○	○		○			○		○			○	
○	○		○			○		○			○	

儞 我 他 他 今 是 請 慢 怕 太
是 剛 就 兒 早 快 点 下
○剛 來 快○ 得 回 兒 雨 雨
來 來 哪 最 走 罷 了
了 麽 ○很 去
早

당신、 밧셔、오셧소
나는、 막 왓십이다
그가、그곳에 잇읍
그가、인제 오지오
오놀、그중 일즉이옵이다
네、미우 일즉 옵이구려
좀、쳔쳔이 가겟소
어셔、가십시오
아마、비가、올가보오
비가、너무、잣고료

一八

副詞用例第二章

大還	可該	纔都	再還	齊都
써	커	처 셔	쩨	뒤
○	○	○	○	○
○	○	○	○	○
○	○	○	○	○

是還　不不　○大明　明白　白麼

我儞　○可該　不念　能一　念念

是字　○纔都　寫抄　好完　了麼

還再　沒有　來來　的的　了麼

還學生　沒都　到來　○齊了　麼

학성, 다왓소, 죄다오지안엇소

또, 올니가잇소, 다시, 올니업소

베낀, 글시, 다베야다써소

나는, 인계읽지못ᄒ겟소, 너, 인계읽어보아라

아, 쥭, ○아도몰느냐, 네, 아쥬쑥쑥지는못ᄒ여요

官話華語敎範

一九

官話華語敎範

副詞用例第三章

今兒天氣頂熱。
오늘, 일긔가미오더옵소

是頂熱的天。
뎨일더운, 놀임이다

我簡竟沒出家門。
당신, 도모지출입업셧소

愿總在家裡麽
난, 집에만잇셔십이다

天熱並沒下棋會
도모지, 바둑도두러가시지안엇소

總也並沒上棋會
놀이, 더워셔會에도, 도시아니갓소

我儞必沒有出去
당신필시가신데가잇게지오

所必沒出去外處罷
난, 과시어딕, 나가지, 안엇소

○直全○閑都沒到今做兒活個麽
바로, 오늘꼬지, 헌일이업십잇가
편혀, 도모지, 헌일이업십잇가
바로, 오늘까지, 노랏소

二〇

副詞用例第四章

官話華語敎範

好斷단々○
○○○
好斷々像撒謊似的話
○好像沒有似的話
쌍메더쌰화
가장, 거짓말ᄒᆞ는것, 갓지오
단々이, 업는말이오

極慌황○
○○
實不在是悶得極慌了
不是是閒得慌應
쎠더황
참말, 몹시각갑ᄒᆞ오
너무, 심々치안소

萬決졔지○
○○
竟決閒不着遊萬不行的
決不着萬不行
ᄋᆞ면싱
결코, 놀것은, 아니온다
놀기만ᄒᆞ여션아조못스지오

多更졍완○
○○
是到顯夏着天多更○悶了不行
쎄쟈주ᄋᆞ면
여름이되면, 더구나, 못되지오
네더, 답々ᄒᆞ여뵈여요

正另링○
○○
我儘正想另打法主子意哪罷
쌍여러
당신, 다시쥬의ᄒᆞ시오
난, 변통ᄒᆞ는즁이오

官話華語教範

副詞用例第五章

怎麽〔쩐마〕 他怎麽總沒信兒 그가、엇지도모지、소식이업소
實在 是實在奇的很了 네、참민우이상홍오
一定〔잉〕 一定有甚麽毛病 필연、무슨흠졀이、잇는게요
大概〔세〕 大概是有点緣故〔덴왼구〕 아마좀션닥은、잇는것이야요
点兒〔징〕 請儞給快点兒問〔빠신〕 당신、좀속키、무러쥬시오
已經 已經打發人去了 발셔、사름보늬엿소
不用 那麽我不用去了 그러면、난갈것이업소
總得〔데〕 儞總得再來一濔 당신、엇지던、한번더오시오
不該 儞不該管的管了 당신이상관아니 홀것을상관 호엿슴인다
一概 我是一概不知道〔지맛〕 나는〇죄다몰낫소구려

副詞用例第六章

剛纔 회두 ○ 剛纔儞說甚麼了 앗가, 당신, 무엇시라고, ᄒᆞ섯소
回頭 회두 ○ 回頭我再告訴儞 잇다가, 닉, 다시, 일느리라
暫且 잔쳐툭 ○ 暫且說個大概罷 잠간듸 강말숨ᄒᆞ십시오
現在 ᄉᆔᆫᄌᆡ ○ 現在沒工夫說了 직금말홀시업소
多早 마얍이 ○ 多早的事情 ᄉᆡᆼ벽의칭
已 이 ○ 這是早已的話了 이거시, 언졔, 일이오
那是 ○ 那是多早已的話了
脚下 쟌햐 ○ 脚下這件事沒了 지금, 이런일, 업지요
馬上 마샹 ○ 馬上沒有這個話 지금, 이런말, 업십십잇가
如今 수진 ○ 到如今還沒好麼 지금ᄭᆞ지도, 그모양이오
目下 부햐 ○ 目下的光景很好 지금형편은, 미우됴치요

官話華語敎範

二三

官話華語教範

形容詞用第一章

신新 쮀舊 작쒜貴 賤 전卆粗 細 여관寬大 박薄厚 헉
○　○　○　○　○
○　○　○　○　○
○　○　○　○　○

○慇要薄点兒的
我要多麽厚的
당신, 얼마나, 두터운것슬달나시오
난, 좀열분, 것슬쥬시요

多麽大這們小
이러케, 크고, 언마나, 적읍듯가
이러케, 널고, 이만콤, 길읍듸다

○這們寬這們長
○還有細的沒有
都是這麽粗的
의면뒤메창
더고훈, 것이잇소업소
모다, 이러케, 굴근것이올시다

是這個市行山不賣不的賤。흔很罷
이것도, 흔치, 안치오
네, 시셰, 가, 미우, ○쎄삿오

○新的還沒舊
興的나哪麽
싱, 이게, 무근, 것이아니
○서것는, 아즉, 아니낫소

二四

形容詞用例第二章

俄能吃辣。
당신, 미온것, 잘슈시겟소

我不愛吃酸的麽
난, 신것을, 잘먹지안소

肉鹹了再擱不得鹽
고기가, 심거오니 소금을더쳐라

淡了吃不好吃
너무, 싸면, 먹지, 못훌이다

太老了沒有味兒
너무, 질긔여, 먹기가, 안되엿다

嫩了沒有味兒
연, 호면, 맛시, 업십이다

那個太口沉罷
그거이, 너무 짭질할가보오

口輕還有口味麼
집々, 히셔야, 맛어, 잇소

我吃着是很甜
당신먹, 으닛가, 쓰지, 안소

俄吃着不苦。
난, 먹으닛가는, 미우, 단데오

官話華語敎範

形容詞用例第三章

乏빠　醎얀　濃농　香샹　脆췌　硬영　熟쑹　生성　沉쳔　大
○　　○　　○　　○　　○　　○　　○　　○　　○　　○

這個茶太乏了
往下醎点兒
이茶가너무、싱거、옵다
더、좀、○독호게、타지오

這個茶太濃。
○香糊후치沙
○고만히도、미우、○고슈호오

不行還很香哪
不用太濃。
못쓰겟다、너무물신흠이○고만히도、

這個硬的很脆。
那個吃着很脆了
이거시먹기에、민우물신흠이다
그거이、○단々호기가、딕단호오

沒有熟透的麽
這樣都是生的
아조、롱닭은것、업소
이모양으로、모다、○서은것이오

敢情分量是很沉。
是嗎○太沉大了
그런줄몰나떠니、이쌔무거옵소
그럿소、근량이、너무、○만십이다

形容詞用例第四章

冲충 淡뎐 長챵션 短딴션 高까올 矮의씨 瘦에이 肥에이 窄지애 寬콴

這個菸太冲了。
이, 담뷔가, 너무, 독ㅎ구려。

這不是還淡的麼。
이, 심심흔, 것이아니오。

怎麼用這麼不是還有短的。
엇지, 이러케, 길게, 쓰시오
아니오, 쫘른것, 도잇쇼

他總是身量可不高矮。
그, 가, 도모지, 이러케, 크시오
네, 키가, 쪽지, 안치오

說的可不合式。
홀죡ㅎ여셔는맛지를안섭잇가
널분것는못쓴다합듸다

瘦的是肥的不行。
엿던, 너무, 널부, 게는마시오
더, 좀, 좁, ㅎ여다라섭잇가

總是不要太寬。
엇지던, 너무, 널, ○부, 게는마시오

二七

官話華語教範

形容詞用例第五章

那兒來的羶味兒腥氣
這是羶味兒
이노린,님인가보오
우엔,비린,님새요

俟着這兒房罷
隔在茅房不近
뒤산이,갓갑,섭닛가
녀기셔,머지안케잇셰오

所以有毒太臭
這個有騷味兒
그리셔,지린님새가잇소구려
이거이,유독히셔,님새가디단ᄒ오

想是地方潮窪
是地方潮的窪的很罷
아마,지경이,깁푼,듯십쇼
녜,지경이,미우,습,ᄒ여요

於齋生很不好
是實在臟的很
위싱에,미우,됴치,못ᄒ오
녜,참너무드러워요

二八

形容詞用例 第六章

胖 팡
瘦 썌쎠
○
○

匾 벤
圓 왼
○
○

白 쩨
黑 헤
○
○

多 뚸
少 쌰
○
○

素 쑤
葷 훈
○
○

倆比從前胖多了 쌔넝쳰
那兒胖瘦的很了
로형, 이젼보다, 디 단이, 둥々ᄒ시오
왼걸둥々ᄒ여요 티 단 말러지오

有這樣匾的沒有 약
是有是個圓的
이러케, 납젹, 훈것이 잇소업
소 잇기는, 잇는데, 둥근, 것시오

白的也不要緊 얏진나
那麼黑的好不好
흔것도 판게치안십이다
그러면, 검은, 것시됴소, 안됴소

多一点兒行不行
不行少給点兒罷 싱
좀, 만아도, 쓰겟소, 못쓰겟소
못써요, 조곰 쥬십시오

可是我單要素的 쎄
那兒還有葷的麼
그런데, 난, 소로만, 쥬시오
어딕, 쏘, 누린, 것이잇소

官話華語教範

形容詞用例第七章

深쩐 淺쳰 笨뻔 整쪙 滑화 鬆쑹 歪왜 方팡 緊진앵 嚴얀

這道河水深不深
이 강물이, 깁소, 아니 깁소
淤上呢了水很淺
흙이, 미여셔, 물이 미우 엿틉이다

這樣笨能做甚麼
이러케, 둔히셔, 무엇을 혼단 말이오
爲得是要用整的
웨 그런고 호니 왼통으로 쓰자는것이오

這樣鬆木頭不行
이러케, 무른, 나무는 못써요
岐呀還是這麽滑
이야, 쏘 이러케, 미성럽구려

可惜着一邊了
악갑다, 혼편이, 빗두러구려
四方的不大好着
네모, 반듯혼것슨, 보기실탐이다

太鬆了細緊点兒
너무, 허슌, 호니 밧삭, 좀 묵구시오
封嚴了別透了氣
단々, 이 봉호여, 기음닉지 마시오

三〇

形容詞用例第八章

這個東西不大結實 이물건이、별로든々치아는걸요
不錯太嬌嫩不好拿 올ᄉᆞ、너무연약여、가지기가、안되엿셰요
實在是漂亮的哪 참이미우말슉ᄒᆞ구려
跟紙似的這麼輕巧 죵의쳐럼갑붓ᄒᆞ오
都腌臟了還怎麼弄 모다、더러와셔、또엇더케맨드르오
原本是也不大乾淨 원본이도별로셔ᇫ지는못ᄒᆞ여요
顏色兒可不大新鮮 빗치、되단고홉드는못ᄒᆞ구려
怎麼能可以光潤呢 엇더케、ᄒᆞ면윤틱ᄒᆞ겟소
這個還筭是太蠢笨 이것도、오히려너무둔、흔셰음이오
所以價錢便宜些兒 그리셔、갑이、좀ᄊᆞ지오

形容詞用例第九章

憋悶 먼
屋子太小憋悶極了
방이 너무 죽어셔몹시답답ᄒᆞ여요

廠亮 챵량
打開槅扇就廠亮了
장지를 띄여쓰면 곳환ᄒᆞ겟소

粗重 충즁
歸他屋裏不妥當麽 례
그의 방으로 몰면, 둣치 안섭섭잇가

妥當 터샹
那粗重的沒地方擱
그 크고 무거온것을, 둘데가 업셰오

有德
他不是有德的人咧
그가 유덕ᄒᆞᆫ 사람이 아닌걸요

老實
我看他爲人很老實
나 보기는 그 위인이 미우 진실ᄒᆞᆸ되다

明白
別說他沒有沒有他很明白
말마오, 말마오, 그가, 춍ᄒᆞ리분홀지오 업소 업소, 그가 미우 뚝뚝ᄒᆞᆫ데오

糊塗 후두

軟弱 솬워
我想他也不大健壯似的
나 그도, 더 단 건장치는 못ᄒᆞᆫ 듯ᄒᆞ오

健壯 젼쟝
儞說他像軟弱
당신 말솜ᄒᆞ시오 그가 약ᄒᆞᆫ 사람 갓소

動詞及打消쌍話用例第一章

叫쟌 ○不知
先生這個叫甚麼
我不知道叫甚麼
션싱임、이것슬무어시라고、ᄒᆞᆷ잇가
난、무엇시라고ᄒᆞ는지、모르겟소

做쬐 ○不行
慇請他來做甚麼
做甚麼非他不行
당신그이를、오라셔、무엇슬ᄒᆞ던、그이、가아니면못ᄡᅥ요

辦샌 ○不能 녕
慇實在不能辦
我實在沒力量辦
당신、참못ᄒᆞ시겟잇가
난、참、ᄒᆞᆯ흠이、업셰요

說워 ○不完 완
他說多暑可以得
他說一天做不完
그가、언제나、되겟다고ᄒᆞᆷ드닛가
그가、하로에、다못ᄒᆞ겟다고ᄒᆞᆷ드

辦 ○不動 둥
怕是他辦不罷
沒他辦不了的事
아막、그가、ᄒᆞ지를못ᄒᆞᆯ가、보오
그의、ᄒᆞᆯ슈업는일은、업섭닌다

官話華語敎範

三三

動詞及打消話用例第二章

到〔딴〕○沒到
 時刻還沒到了麼 시잔、아죽아니、되엿소
 還沒到了欠五分 아죽、아니되엿소、오분전이오

得〔데〕○不了
 來回得多大工夫 두어덤되기에、지닉지안소
 過不了得兩点鍾 두어덤되기에、지닉지안소。

有〔역〕○不是
 他來有多少日子 그이가、온지가、몃칠이나되엿소
 不是有倆多月了 이두달이、덤머되지안엇소。

成〔청〕○不了
 那件事沒有成 그일이、되엿소、아니되엿소
 一定是成不了罷 일졍코、될슈업지오

對〔되〕○不對
 這話儞說的對麼 이말、노형、혼것이올소
 這話儞說的不對 이말、노형흔것이되지안는말이오

官話敎範　三四

動詞及打消話用例第三章

喝더〇不得
水凉了儞喝不得。不大碍事我常喝。
물이 쳐셔먹지못ㅎ오。일,업소,난,늘,먹소。

開키〇不了량
等水開了就拿來。火太乏了開不了。
물 츙ᄒᆞ거던,곳가져오나라。불이너무곤ᄒᆞ여열치를안소。

添텬〇不用용
火太乏了不用添。快散了不得添。
불이너무곤ᄒᆞ여○를것업소。거진,파슬홀것슬,더○를것업소。

点뎬〇不着쟌
那個油点不着麼。風太大点不住燈。
그,기름이,켜지소아니호오。바름이너무되단ᄒᆞ여,둥불이켜잇지를안소。

冷렁〇不了량
説不定還冷不冷。往下冷不了罷。
다시는,츄움지,안케짓오。쪼츄울지아니츄울지알슈잇소。

動詞及打消話用例第四章

用〇不了 땨오
您要用多少錢哪
我用不了多少。
당신, 얼마돈이나, 쓰시랴고호오
나, 얼마, 아니 쓰겟소。

花〇不過 거
錢花在甚麽地方
不過是零碎花了
돈을, 엇다가, 쓰시오
불과시, 잔용이지오

買〇不敢 깐
您眞不會買東西
所以我不敢多買。
당신, 참, 물건, 살쥬를, 모르시오
그리셔, 늬가, 만이사지, 못ㅎ엿소

用〇不着 짠
用多少人可行呢
用不着許多的了。
얼마, 사름이나, 쓰면, 가이되겟소
허다이, 쓸것시읍소。

買〇不着 짠
總得買的不怕貴 데
這個價兒。買不着 쉐
엇지던 살것이니빗산것두렵지안소
이갑셰, 사지못ㅎ지오

動詞及打消話用例第五章

裝〇不下 쟝 싸 햐
一隻箱子裝得下麼 지쌍
這些個怕裝不下罷 써파 더
흔짝상쥬에、담기겟소
이열어시이아마 담기지못홀가보오

量〇不彀 량 꺼
量一量有多少尺寸 챠
量了不彀二十多尺 최연 더
멋자이나되겟나지여보시오
지이닛가이십여쳑이못되오

醮〇不得 잡 더
醮上点兒水擦一擦
玻璃醮不得水了 더
물을、좀뭇쳐셔、흠치여라
유리、닥는데는、물뭇치지못호

挪〇不開 뉘
把桌子挪開一点兒
釘着一塊挪不開了 쌔 쥐쌔 셩
사션、상을、좀비키여노으시오
한데빅켜셔비키여지々를아니ㅎ오

拔〇不來 빼
那麼拔起釘子來罷
釘得結實拔不出來 더 추
그러면、못을、쎄여니여라
박기를단々이ㅎ여셔빠지々를안소

動詞及打消話用例第六章

猜○不着 쒜챤
 儞猜這是誰的相片 뭐쌍펜
 我猜不着是誰的像
 당신, 아러 너시오, 이거이, 뉘사진인지
 난, 뉘사진인지, 아러니지못ᄒ겟소

找○不着 잫챤
 儞再細細兒想一想
 我簡眞的想不起來 젼지
 당신다시자셰々々싱각ᄒ여보시오
 난, 아조싱각이, 나들안소

想○不起 썅치
 他們去找着了麽 섞
 連一個人都找不着 렌
 그드를, 차져 가더니, 차젓소
 ᄒ나도, 찻지못ᄒ엿섭이다

撩○不下 랼
 這把傘怎麽撩不下
 不要硬撩了看壞了 빠얏 해
 이우산이, 엇지 닷쳐지々물안소
 억지로, 닷지마시오 망거지리다

用○不着 융챤
 儞用不着尋給我点
 我沒用處儞拿去罷 신셰 츄
 당신, 안이쓰시면, 늬나좀쥬시구려
 나, 소용업쓰니, 너나, 가져가거라

官話華語教範　三八

助詞用例第一章

是〔쇠〕 ○○는　貴學堂是甚麽學堂〔뀌쒜〕敝學堂是東語學堂〔동위〕　귀학교는무슨학교오닛가 폐학교는동어학교올시다

也〔예〕 ○○도　日語也有唇齒音〔세〕日本話也是這樣難〔난〕　일어도순치음이, 잇십닛가 일본말도이거시어려와요

倒〔단〕 ○○은　字倒不是很簡明口音倒沒有混雜的〔쩐〕〔얘〕〔훈〕〔쟈〕　글즈는미우잔단ᄒᆞ지안소 구음은혼잡홀거시업지요

爲〔웨〕 ○○히　那麽爲甚麽費事呢就是爲文法就誤哪〔원〕〔바〕〔싼〕〔우〕　그러면무얼노히어렵소 곳이문법으로히지체지요

和〔히〕 ○○과　沒有四聲和輕重淸濁的音〔단〕〔칭〕〔쥐〕　소셩과경즁음은업소 단과쳥탁의음이잇지오

官話華語敎範

三九

官話華語敎範

助詞用例第二章

着〇〇셔 저링쩨

湊着零碎話散學的 찬쎄링쎄 자잘구려흔말을모아셔산학이오
抄着眼面前兒光學 챤쎄얀몐쳰쎄 힝용쓰는거를뽑아셔먼져빅옵이다

使〇〇로 쎄

使鉛筆寫可就沒錯 연필로쓰면속 히지안소
使毛筆寫不是快麽 모팔로쓰면은드리미업지오

再〇〇고 쩨

先念這個再念會話 먼저이것빅오고쏘회화빅오지오
先念散話再念甚麽 먼저산화빅오고다시무엇슬빅오

拿〇〇로 나

拿朝鮮話繙譯講能 챠오션말로번력호여식이지오
拿日本話繙意思甚麽 시본말로뜻슬번력호오

許〇〇듯 쉬

拏那許辦的成罷 나허빤 청 그러케호면될듯호오
這麽學就許學得成 쎄머쉐 쉐더 이러케비오면될듯십지오

助詞用例第三章

但딴〇쭨
教師就但〇他一位麽 교사가당신단한분뿐이오닛가
不但我還有兩位哪 나뿐아니오쏘두분이잇지오

還히〇도
如今還招學生不 요뎜도학성모집ᄒᆞ오아니ᄒᆞ오
現在還招補缺的了 적금도보결성모집ᄒᆞ지오

若워〇면
若學幾年可以會說 멋히나빗오면가이말홀쥬룰알겟소
若是聰明一年就行 총명ᄒᆞ면일연이면되지오

光쌍〇만
教話還有文典麽 글만빗오지다른일은업지오
光念書沒別的事罷 맨말만빗오쏘문던도잇소

看칸〇다
儞請罷看誤了上學 당신,가섭시오,상학ᄂᆞ지리 속키,흥섭시오,긔회놋치리〇다
請快辦看誤了機會

官話華語敎範

四一

官話華語敎範

助詞用例第四章

和〇〇와 히양
倆和他怎麽商量的 당신그이와엇더케상의ᄒᆞᆫ것이오
我和他這麽定規的 딍꿰 난그이와이러케작졍ᄒᆞ엿소

的〇〇의
他的吃穿是誰家管 그의먹고입는거는뉘가탕ᄒᆞ오
他的花費是自己管 즈지 허퉁 그의용은자긔의즈담이지오

但〇〇만 딴
就是但改了日子了 쯔시 환 곳이날짜만곳쳐섭이다
就是但換了合同了 곳이약셔만박구엇소

跟〇〇과 끈
那麽跟從前一樣麽 쑹첸 그러면이젼과뭇찬가지오
不錯跟頭裏一個樣 그러치오압셔과흔가지오

竟〇〇만 징
倆是竟續假不銷假 쉬쟈 햐신은휴가만느리시고休假가다되지안엇소
我就是〇竟請展々限 잔 쎄 나는이흔만무리기로쳥ᄒᆞ엿소

助詞用例第五章

把○○을 (빠)
把我的話告訴他罷　나의말을그의게일너시오
把您的話告訴他了　당신의말을그의게일너시입이다

叫○○게 (쟌)
誰引誘這麼壞的　뉘의게씌여이러케못되엿소
叫他引誘纔學壞的啊　그의게씌여셔여못된것슬빈왓셋오

纔○○야 (처)
替我這樣說纔好呢 (뒤)　나를이러케말삼ᄒ여쥬서야쓰겟소
給儞怎麼辦纔行了 (인 약)　당신을엇더케이를거졀ᄒ단말이오

用○○로
用這個話搪托他罷 (탕 러)　무슨말로그이를방식ᄒ십시오
用甚麼話推辭他呢 (쎼)　이말로그이를방식ᄒ십시오

叫○○로
我焉敢叫儞找腦呢 (엔)　뉘지감이당신으로노엽게ᄒ겟십
儞可別叫我丟臉呀 (쎄)　당신는날로모양사나옵게마시오잇가

助詞用例第六章

和○안테
  儞和他打聽了沒有 당신그의안테알어보셧소
  我和他問了個大槪 내그의안테뒤강무럿소

在○에셔
  儞在那兒遇見他了 위젠 여보,어듸에셔그를맛나낫소
  我在衙門看見他了 뉘가,말에셔그를보앗소

到○석지
  沒說到這一層了麽 이조건서지는말삼아니ᄒᆞ셧소
  也提到那一節兒了 제 그조건석지도말ᄒᆞ엿십이다

據○로는 쥐
  據他說誰不講理呢 희 그의말로는뉘가경우아니라고ᄒᆞ오
  據他說自己還有理 그의말로는그리도자긔가올타ᄒᆞᆸ듸다

依○에는 이
  依儞說孰是孰非 수의쌔 依(在)儞說孰是孰非 로형말에는뉘가올코뉘가을이오
  依我看難兄難弟 난놓 依(在)我看難兄難弟 나보기에는비속갓섭듸다

四四

助詞用例第七章

跟○안테 偶跟他賠個不是罷。여보그의안테잘못ㅎ엿다고ㅎ시오
　　　　我跟他告甚麽罪呢。너가、그의안레무엇슬잘못힉다고ㅎ오

憑○던지 憑誰好歹偶得讓他。뉘가、올코그르던지노형이그의게지시오
　　　　憑他是誰我不介意。그가、뉘구던지나난긔의치안소

越○슈록 怎麽越勸越不聽呢。엇지、권홀슈록듯지를아니ㅎ오
　　　　實在是越想越可氣。참、성각홀슈록분홈이다

往○으로 他都往偶跟前推。그가、모다로형압으로미럿소
　　　　都往我身上推不怕麽。모다뉘몸으로미러도구렵지안소

等○거던 等我打聽着偶跟再來。뉘、아러보거던노형쏘오십시오
　　　　等偶有信我再來罷。당신、소식잇거던니쏘오리다

官話華語敎範　　　　四五

官話華語敎範

助詞用例第八章

照○띠로 ᅅᅡᆼ
全照着他的話辦麼 뎐혀, 그의말티로ᄒᆞ십닛가
是照樣兒買給他罷 네, 그모양디로그를사셔쥬시오

由○으로
由郵便局寄來的麼 우편국으로붓쳐왓소
由銀行兒滙兌來的 은ᄒᆡᆼ으로환붓쳐왓소 ᄋᆦᆫᄒᆡᆼ 치네

連○셔지 렌
連帶費都筭在裡頭 가져온부비셔지모다그속에드럿쇼
帶滙水都筭在其內麼 환비셔지모다그속에잇는셰음이오 ᅄᅢᆫ

按○디로 안
按着分量兒筭錢麼 근량디로, 돈을, 처, 밧슴잇가
按着錢數兒扣滙水 돈슈효, 디로, 환비을졔ᄒᆞ지오 슈 회

帶○셔지 때
他們還帶賣洋貨麼 그드리, ᄯᅩ양화셔지파옵닛가
沒聽見他帶辦雜貨 그가잡화셔지파다ᄂᆞᆫ것는못드럿소 ᄶᅡ

四六

助詞用例第九章

着(쟈)○면셔
　偺們說着話兒喝酒
　好偺們喝着酒講話
　우리、말ᄒᆞ면셔술먹읍시다
　둇소우리슐먹으면셔이야긔ᄒᆞ시다

隨(쒜)○ᄃᆡ로
　隨可以隨說隨寫麼
　可以甚麼都隨便
　당신、가이、말ᄒᆞᄂᆞᆫᄃᆡ로쓰시겟소
　너무어던모다당신편ᄒᆞᆯᄃᆡ로ᄒᆞ시오

論(룬)○으로
　論碗論斤論壺都差不離
　論瓶都一樣麼
　뒤졉、으로나 병으로나、다갓소
　엇지던밥먹고셔말솜ᄒᆞ릿가

再○고셔
　總得吃了飯再說
　務必用過飯再走罷
　아모조록、진지잡슈고셔가십시오

任(신)○던지
　任那兒都不要去了
　任甚麼都不愛幹了
　무어시던지、다가기실소이다
　어ᄃᆡ던지다ᄒᆞ기실십닛가

官話華語敎範

四七

連續詞用例第一章

可是는데 〔뛔〕
我說是說上來可是還說得不好
我知道是知道可是不大詳細呀 〔썅시〕
나는말을, ㅎ여니기는ㅎ는데아주ㅎ기를잘ㅎ은못ㅎ오
나는알기는아는데아조ㅈ셰치는못ㅎ옵이다

任憑던지 〔신핑〕
任憑陰天晴天他總不愛在家裏
○任憑爾等多少錢東西可要好的 〔의 칭〕
흐린놀,이던지ㅎ인놀,이던지,그가,도모지집에잇기를죠아안소
당신,돈은,얼마를밧던지됴은것스로,쥬시오

并且ㅎ고 〔삥체〕
他是不但口骨好并且 〔췌〕
他原來是聰明而且又很愛用功 〔응〕

官話華語敎範　　　四八

그이눈、구음만、됴를뿐아니、고쏘말솜 눈것이 것춤이 업소
그이、눈원리 총명호고 쏘민우 공부호기를 됴아 호지오

叉叉고도
這個東西買的不錯叉好叉便宜
這桃兒眞熟透了叉甜叉有水兒
이、물건은、관게치 안케、삿소、돗코、편이쌋옵이다
이、복사는、참잘、익어셔、달고도쏘물이잇구려

勿論던지
○勿○論學甚麽本事不用心就不行
○不○論辦甚麽事總得自己有主意
무슨、저죠를빈오던지 마음을쓰지 안으면、못쓰지오
무슨、일을ᄒ던지 조괴쥬의가잇셔야ᄒ지오

官話華語教範

連續詞用例第二章

倘或거던 탕휘
○倘或我赶不回來偺們就先走罷
○倘或赶不上偺們等下盪車再走 샨 처

不管던지
○不管他們來不來就按着規矩辦
○不管偺去不去我是不能不去的 쉐쉬

혹,니가밋쳐못오거던노형들,곳먼져가십시오
혹,못미치거던우리다음차긔티려가십시다
그들,이오던지,아니오던지,곳규칙티로ᄒ시오
너는,가던지아니가던지나는가야만ᄒ겟다 히쌍

雖然만도 쒜산
○他雖然不說我自己不害臊麽
○話雖是這麼說叫他辦就辦不到

五〇

不拘^쮜던지 · 連帶히셔

○不拘到那兒去說都是不怕儞的
○若是除了我不拘是誰肯讓儞呢
그가뉘게말은아니ᄒ지.만도니가봐그렵지안소
말은,이러케ᄒ지만도며,더러ᄒ라면못ᄒ지오

○連他帶我差不多有五十來塊錢
○連學費一個月通共花多兒錢
만일,나말고야,뉘구,던지,잘,네게양보ᄒ겟니
어듸,가셔,말ᄒ던지모다너는두렵지안타
학비와부비싸지히셔,미월,통얼마나쓰시오
그와나싸지히셔거진,호오십원돈되지오

連續詞用例第三章

官話華語敎範

五一

官話華語教範

既然ᄊ면
지산
儞旣然拿定主意怎麽又反覆呢
한부
儞旣是應承了總得給他辦成了
○영청
즈네、임이、주의를、잡아쓰면엇지도반복을ᄒᆞ나
당신임이허락ᄒᆞ셧스면、엇지던그릴되도록ᄒᆞ여주오

一就만면
지
現在還不要緊一到下月就熱了
只要有人給他們一說合就行了
즉금도、오히려관게치안소、리월만되면곳더울터이오
다만,뉘가,그들을화히만시켜쥬면곳ᄊ겟소

所以잇가
他是最討人嫌所以人都遠着他
웨관 쎄
不是他沒有用處所以把他辭了
읽
엇

因爲히셔

○因爲這件事白費了半天的工夫
이일로히셔 공연이반나졀시간을허비하엿소

○因爲推托不開所以我纔應承了
뛰혀 칭탁타못히셔그리,닉가바야으로허락을하엿소

趁着어셔 천

○趁着他沒看見快々兒的藏起來
그이,보지안어셔、싸리싸리감추어라

○趁着天沒下起雨來赶緊回去罷
비,쏘다지々안어셔싸리도라가시오

官話華語教範

連續詞用例第四章

與其 위치 슈치
○與其這麼閒着還不如下碁去咩
○與其這麼遮掩索性簡直的說罷 저옌쏴성 지
이러케、놀진딘오히려、바둑두러가니만도못ᄒ오
이러케、음치홀진딘찰아리바로말ᄒ시오

反倒 핸고셔
儞自己辦錯了反倒抱怨別人麽 반왈 성
儞還不肯快認不是反倒使性子 컨 신
늬가、잘못ᄒ고셔도로혀、남을원망ᄒ는냐
늬가、그리도、얼핏잘못ᄒ엿다잘안코셔、도로혀셩믜를부리니

果然 건산더니
儞不聽我的話果然鬧出事來了
人都說儞性急果然儞眞性太急 ᄶᅥᆫ 지
○儞不聽我的話果然鬧出事來了 노

官話華語敎範

況(쾅)且거든

他連弟兄都不知道況且朋友呢
在行的還不大明白況且外行呢
　그는、형뎨、ᄭᅥ지도모르거든、물며친구겟소
　익슉ᄒᆞᆫ이도、오히려、몰으거든、셔투른、사름이겟소

네가、뉘말을듯지아니ᄒᆞ더니과연일을늿엿고나
사롬이、모다、네가셩미가、급ᄒᆞ다ᄒᆞ더니과연참네가셩식이급ᄒᆞ고나

敢情써니

我當是誤了時刻敢情天還早哪
我當他是朝鮮人敢情是中國人

난、시잔이、느진쥴노알어써니날이아죽일소구려
난、그가됴션사롬으로、알어써니중국사롬이로구려

五五

官話華語教範

連續詞用例第五章

想必쓸듯
　我想他必回去怎麽今兒還沒走哪
　我看大家都笑我想必話是說錯了 썩

난, 그이가갓슬듯흔데, 엇지 오늘도, 엿틱아니갓소
너, 여러시모다웃는거슬, 보닛가, 너가, 말은잘못히쓸듯십푸오

應該뎬데 영셔
　今兒他應該有個信怎麽不見來呀
　他不應該這麽辦實在是奇怪的很 쌔

오늘, 그이가, 소식이잇슬텐데, 엇지 오드를안소
그가, 이러케아니홀런데, 참, 믹우이상흠이다 핀

固然지만 쑤
　他本事固然是有無奈他人品太輕了
　這個還得用固然得買就是錢不方便 뻬
　　　　　　　　데　　　데

至於에는
○至於這賠欠一層我萬不能應承的
○至於爾賠不賠這一節我不敢干預
폐
이, 돈, 물나, 는, 이, 됴건에, 는난, 아조허락, 못ᄒ겟소
당신, 이물고, 아니무, 는, 이, 됴건에, 는난, 간예, 못ᄒ겟소

不至드는
他的病雖說是很重總不至於要命
若是交給他辦決不至於給辦錯了
례
그의, 병이, 비록, 미우, 즁ᄒ다고, 하지만도, 엇지뎐죽드는안으리다
만일, 그의게, 밋겨여ᄒᆯ것ᄉ트면, 결코, 잘못히쥬드는아니ᄒ리다

그가, 져됴는, 잇지만, 그러나, 그人品이너무가비여와셔
이것도, 쓰게되미, 샤야ᄒ겟지만, 곳이돈이어렵소구려

官話華語教範

會話第一章

儞貴姓 당신姓氏가、뉘、십잇가
賤姓王 니 姓은、王가올
儞台甫 草字 시다 字啣은요 字는、
希泰 희泰올시다 貴
貴處 處는어디십잇가 敝處는北京이올
敝處北京 恭喜當 시다
差使 職業은요 벼슬다님이다 어느
貴衙門 貴前 衙門이오 네 敎育部올시
是教育部 닛가 무슨벼슬이십잇
程 是會計科主事 儞貴庚了 가 네會計科主事올시다 당신年歲는요
今年三十二 貴昆仲幾位 弟兄 今年三十二歲올시다 멋兄弟십닛가
三箇 儞居幾 我行二 儞跟前 三兄弟올시다 당신아、멋지십닛가 너
幾位令郞 三箇小兒 大世兄今 가둘지올시다 당신子弟가멋치오 얼인
    것이세시올시다 큰子弟는今年멋살이오

官話華語敎範   五九

官話華語敎範

會話第二章

年多大了 今年纔九歲 沒念書
麽 還沒呐、打筭過年念 二世兒
幾歲了 五歲 還有小姐麽 有
一箇女孩兒 儞眞是有造化的了
托儞福罷
我名叫魁東 儞幾歲了 我九
儞姓甚麽 我姓金 儞叫甚麽啊
歲了 儞家裡都有甚麽人 有我

네、姓이무어시냐 너姓이金哥을시다
네、일홈은무어시냐 일홈은魁東이을시
다 너、몃살이냐 난、九歲예오 너의
집에모다、누구々々잇느냐 우리父親잇

닛가 今年에、겨오九歲임다 글안이읽
슴잇가 아즉아니읽슴이다、來年에읽으
라고호이다 둘저子弟는幾歲오 五歲을
시다 쏘쳐임도잇슴닛가 ᄯᅩᄒᆞ나잇슴이
다 당신은참、福力잇는이을시다 당신
德分이을시다

爹有我媽還有我爺爺和奶奶 儞
們哥兒幾個 我們哥兒倆 還有
姐姐麼 沒有姐妹 你是第幾啊
我行大 儞的兄弟多大了 我
兄弟纔九個月 會走、不會走
不會、剛會爬 儞念書了沒有
念哪 多暗上的學 今年春天
儞父親現在有甚麼事 在領事府
當差使 啊儞在這兒玩罷 是

官話華語教範

會話第二章

前兒、我給儞請安去、正遇、儞納
公出、所以留了個名片、在府上、
我就回來了、儞看見了、沒有
儞實在、多禮了、那天我到府
啊失迎失迎、今兒我特來、謝步
上、天也、就晚了、所以、我趕緊的
就回來了　本來、我、沒打箄出門
就怕是有客來、偏巧、我們·舍親

재작일에 너가, 老兄게, 問安을ㅅ다가, 正
히老兄의, 볼일보러나가심을맛나名啣을,
宅에두고, 왓더니, 老兄보셧십잇가, 못보
셧십이가　아, 失禮가되여셔, 오늘너特別
히回謝ᄒ러왓십이다　老兄은참너무禮節
이만으십이다, 그놀, 너가宅에, 가기를, 놀
도못늣고ᄒ닛가, ᄲ리도라왓십이다　本
來너가, 出入홀, 預筭을아니ᄒ기눈, 못손
님이오실가념녀홈이러니, 공교이, 우리사
돈이여긔를왓다가再三再四나를나가자고

上這兒來了、再三再四的、約我出去、我又不好固辭、那兒想到、我繞走、儞就來了、實在失迎的很了　那兒的話呢、我也是前兒個、繞得工夫、所以到儞府上、問候去不想去的不虔誠、趕上儞沒在家噯那天實在勞儞的駕了

請ᄒᆞ고, 나도쏘固辭ᄒᆞ기가아니되여셔、나갓더니、왼걸리가、막나가자、老兄이곳오실쥬를想覺ᄒᆞ엿슴잇가、참、못못나뵈와셔、안이되엿습이다　千萬에말삼이올시다、나亦是그젓개야、겨우틈을어더셔、老兄宅에問候를간것이、想覺아니ᄒᆞᆫ、가기를精誠치못ᄒᆞ여、老兄이宅에기시지아니ᄒᆞ을므ᄂᆞ섭이다　의그날참노형뎡에롤、슈고로이ᄒᆞ엿십이다

會話第四章

這一位是誰　是我們先生　怎麽

이분은、뉘십닛가　녜、우리先生이올시

官話華語教範

稱呼　姓陳　這位就是、北京官
話漢語講習會、會長陳國棟先生
麽　是　氈、給我們引見引見
氈二位、見一見、這位是、範佑李
先生　啊久仰久仰　彼此彼此
這是我的名片、請氈惠存　我是
沒帶名片不恭的很了　那兒的話
呢我早就聽趙先生、提過氈納、老
沒會過、今兒幸得會面、實在是、

청후　한위쟝시회　짠쳔
다 뉘되이신가고 陳氏예요 이분이漢
語講習會長陳國棟先生이임싸 그럿쇼
당신우리인사식키여쥬십시오 두분인사
흐시오、이분는、範佑李先生이임다 聲華
이거는뉘의名啣이오닉、두십시오
는、오리、듯잣와십이다 彼此업십이다
名啣을、아니가져셔더단失禮을시다 쳔
만에말슴이올시다、나는 발셔趙先生이당
신말솜을드럿스나、늘、보닌젹이업더
니오눌이야、다힝이못나뵈오니、참、이緣
分이잇십이다 당신너무사랑호심이다

有緣哪　偄過愛了、不要客氣、偕們、多談談罷　偄到敝國幾年了　我到貴國四年了　偄公館在那兒　好說我在敝國會舘裏住着　哪　我改天必要到貴寓望看偄去　不敢勞偄駕　該當的

會話第五章

偄納貴姓　豈敢賤姓李、偄、怎麼稱呼　我姓鄭　偄府上在那兒住

官話華語教範

스스라 옵시고, 우리, 만이, 이익이 거ᄒᆞ옵시다　당신敝國에 오신지가 몃히 오닷가　나는貴國에、온지가 四年이 올시다 당신舍舘이、어디삽읿가 효혼말솜이 올시다、나는敝國會舘에셔 留ᄒᆞ옵이다　너、다른놀貴舘으로 보이러 가겟삽이다　枉臨ᄒᆞ실수 잇삽잇가　으레입지오

당신、뉘뒥이시삽읿가　엇지감이 賤姓은 李가、을시다、당신은、뉘、신지오 나는、鄭哥올시다　당신宅이 어디삽잇가

六五

官話華語敎範

舍下在前門外頭　在那衙門恭
喜　我在陸軍部當差使　偺們倆
雖然沒會過、我瞧着很面善彷彿
在那兒見過似的　可不是麼　哦
我想起來了、偺是李二爺能　好
說偺納、偺怎麽知道　偺忘了偺
們那一年、在趙子川先生那兒、見
過麼　是々我也想起來了、偺不
是鄭大爺麼　對了、偺們哥倆、自

집은、北京南大門박긔올시다　당신언의
衙門에、벼슬ᄒᆞ심잇가　나는陸軍部벼슬
홈이다　우리가、뵈온젹은업쏘나、나는보
기에미우、낫치닑어셔、어듸셔、보인듯ᄒ
옵니다　글셰오　어、너가想覺나옵이다、
당신은이둘재李書房임이시지오
말숨이올시다、당신엇지아십잇가　당신、
이지엿쇼、우리가언의히에趙子川先生게
셔뵈와짓요　녜네、나도想覺이낫임다、당
신이、큰鄭書房임、아니션가오　올소、우

從那時候兒見過一面、直到今兒個有十幾年了 可不是麼有十幾年了所以我見伊就不敢認了 리두리, 그쎄 혼번보옵고남으로 브러, 못오놀놀ᄭ지 十餘年이되엿소구려 그러코말고요, 十餘年이나, 되니가, 너가, 뫼올 보고 敢히 아튄체를못ᄒ엿습이다

多暗得閑、請到我那兒坐坐 是 等底下、我有工夫兒、必要望看伊 去 당신언례를어드시거던, 너게노로오십시오 녜, 이담에를 잇스면, 뵈이러가겟습이다

會話第六章

打了鍾了進敎堂去罷 學生都來了麼 還沒到齊了 書拿過來 鍾、첫소敎堂으로, 드러가시오 學生、다왓소 아즉되다 오지안엇소 冊、가져왓

官話華語教範

麼 在桌子上和考勒薄、一塊兒
擱着哪 書都打開、念到甚麼地
方了 今兒念的是第六章 念這
一課行不行 太多了、勻着兩天
念罷 這是很容易的了 今兒
這一章太難、實在不容易曉得
這有甚麼難解的、不過用点兒心
就明白了 請先生講講 我講給
儞們、好々兒的聽着 是 儞們

會話第七章

雅靜一点兒 야정
　　　喳、今兒就念到這
　　　　　　　　　　　쨔
　　　　　　　　　　　데 좀從容들ᄒᆞ시오 오늘은、여기
這兒爲止罷 웨지
　　　還有書取呀請問先
　　　　　　　　취
　　　　　　　지만、비오시오 坐書取가、잇십이다여
生、這一句我還不明白 這一句
　　　　　　　쥐
　　　봅시오先生임、이句節은아죽도、모르나다
是這麼着這麼着、都明白了沒有
　　　　　　　저
　　　이一句는、이러ᄒᆞ고、이러ᄒᆞ오 다 明白
都明白了 明兒是、祭日休課
　　　　　　　　　지시쉬커
　　　ᄒᆞ오、못ᄒᆞ오 이다아옵이다 明日은祭
一日 喳、工課完了、早点兒回去
　　　　　　　　　리
　　　日이라、一日休課요 공파다맛첫스니、좀
罷是 立正
　리
　　　일즉이가시오 베 立

先生在家了麼 在家了、慿請進 先生계십잇가 게시오、드러오십시오

宣話華語敎範
　　　　　　　六九

官話華語教範

來罷　先生、偢好啊　好啊、偢來　先生平安ᄒᆞ십잇가　平安ᄒᆞ시오、당신이
有甚麽公幹呢　是有点兒奉求的　오심은무슨불일이잇십잇가　네좀請求홀
事　甚麽事呢　求偢當個保人　일이잇십이다　무슨일이오닛가　당신、
當入學的保人　這件事、很容易　保人되시라는、請인단、ᄒᆞ시겟소못ᄒᆞ시겟
可以不可以　是當甚麽保呢　是　소　무슨保人이되사시오　네、入學保人
那麽、就請偢、在這兒、用個圖　이올시다　이일이야쉬웁소　그러면당신
書罷　甚麽時候兒去呀　是明天　여긔다가、圖章을、치십시오　어느ᄉᆡ、가
去　多咱考試　還沒定規咧　報　시오　來日가옵이다　언제、試驗이오
名的人數兒、多不多　大槪不少　아즉酌定업십이다　請願ᄒᆞᆫ人數가만소
　　　　　　　　　　　　　　　아마不少ᄒᆞ지오　몃희卒業이오　三年

七〇

會話第八章

五角錢的註冊費哪 這就是了

月多少學費 每月一塊錢、還有

幾年卒業呢 三年卒業 每

借問個哪、郵便局在那兒 由這

兒往東一拐灣就是 是、謝々個

哪 好說好說 賣給我、一張明

信片兒、還有、這封信、得多少信

費呢 得三分 若是掛號呢 是

官話華語敎範

一毛錢　若是寄到外國去、得多
小信費呢　也是一角錢　往美
國、一箇月、開幾回信船呢　一個
禮拜一盪　繞着上海走麼　不定
、也有一直走的　這封信交到那
兒去　懇就裝在信箇裡去罷　回
信、可得多暗見呢　一個禮拜之
後就可以見罷

會話第九章

那兒賣信票 左邊衚衕兒就有   어듸셔郵票를파오 左便골목에잇소

上海電報幾個字起碼 是五個字   上海電報는、몃字에마로치시오 네、다섯

一毛錢、若是按着親民電報彙編、   字에一角이고요만일親民電報彙編디로ᄒ

可就便宜多了、那是用西字文   면는、다단싼데요、그거는이西洋字로쓰지

這個電報得多少費呢 得四塊兩   이電報는、얼마浮費나되겟소 四元

角錢 連住址和名字都筭錢麽   二角되겟소 居住와姓名外지다、돈을밧

沒有、這兒有筆硯自己寫上罷   소 업소、여기붓、잇스니、당신이쓰시오

得幾点鍾可以到呢 兩点一刻就   몃点이면、가겟소 두点一刻이면、가지

到了   那麽令兒下半天、可以有 오 그러면、오늘오후에回電이잇겟소

      그거는、말못ᄒ겟소、거긔셔電報밧은后에

官話華話敎範

回電麼　那可不敢說、那邊兒收到電報之後、就來回電、今天可以收到、那邊兒若有点兒躭誤、可就沒准兒了儞這麽樣罷不論甚麽時候兒、有儞的回電來、必然、趕緊給儞送去就是了　就是儞費心罷　好說

못,回電이오면,오놀可以보겟고,거긔셔,만일좀遲滯가,되면,미들슈업소,이러케ᄒ십시오,언의쉬던지,당신의,回電이,오면,쌕,쌀리,당신게,보너드리지오　그러케,홈시오,당신,이좀,쓰십시오　됴흔말숨이오

會話第十章

這幾天暖和得很　是、天氣很好

이몃치른,미우ᄯᅢᄯᅡᆺᄒᆞ오　네、日氣가、

今兒我本就要打發人去、請您、您
來的正好　這眞省了您的事了頭
幾天若不下雨、我早就來了　您
可把我給憋悶壞了您怎麼老不來
了、算起來、也有一個月了　可不
是有一個月了麼咱們倆、是
正月初、見的這又到二月初了
可不是一燠兒就是一箇月　您瞧
春景兒觳多麼好呢　是、我昨兒

官話華語敎範

會話第十一章

上花園子繞灣去了風兒颳到臉上 산완 싸례
一点兒都不覺冷了 儞這時候 뎨
兒、上花園子幹甚麽去了管保花
兒還沒發芽兒了罷 嗨、儞竟在 애야 엉
家裏那知花園的春光儘要看甚麽
花罷 這不是古年的時候兒一張 누
嘴就說、二月山城未見花、那白話 싼쳥웨
哪

신보시오、봄경이、얼마큼돗쇼 녜、너가、
어제、花園으로、도라단이러、갓더니、바름
이얼골로、부러도、조곰도、치웁지、안읍듸
다 당신、이사에、花園에、무엇ᄒ러、갓삽
듸닛가、擔保코、꼿은、아즉、쌱、아니낫슬
러인듸 응、당신은집에만、드러앗셔셔、
엇지花園의春光을、알겟소、당신무슨、꼿
보시료 이거이、古年時代에、걸붓ᄒ면말
ᄒ기를、二月山城未見花라、아니ᄒ엿쇼、
그ᄒᆞᆺ말인가요

天氣太熱呀　是眞熱　儘歇々衣
裳凉快凉快　寒暑表有幾度了
八十三度了　怪不得這麼熱呢
這那兒算熱呀、剛進了六月、還沒
暑伏哪　哎呀昨兒晚上是怎麼個
鬧天氣啊忽然間就打了個雷又打
了個閃颳起粗風、下起暴雨來、實
在叫人眞害怕　我今兒早起、聽
說、有個地方霹了一棵大樹　一定

官話華語敎範

是、有個霹雳的地方　像前兒個
晚上、下這麽点兒雨、今兒還能出
那麽熱、可眞了不得、若不是昨兒
門麽　儞這麽熱的天、竟在家裏
做活儞也不悶得慌麽　爲甚麽不
悶呢　等我把這個活兒做完了、偖
們散步散步去　好、可上那兒去
那兒好、就上那兒去　也不用、走
遠地方兒去、偖們就　上法古塔公

새
댠
더
더
휘
쌴부
앤우라

께갓치、그러케、더와셔는、참、디단흐여요
、만일、어졔、져역에、이만、비도、아니왓
드면오놀도、出入흐겟소　당신、이러케、
덥운놀、집에셔、일만흐시니、당신은、각갑
도、안으시오　엇지셔、각갑지안어요、너
이일을、맛치거던、우리散步、가보읍시다
못소、어디로、가서료　어디던지갑시다
멀리、갈것도、업소、우리、쌔고다、公園
에가셔、暑退나、흐면、고만이지오

七八

會話第十二章

伏天都可過去了早晚兒涼起來了

是、夏布衣裳不大興時了

這兩天晚上月光、亮得很　快到

仲秋佳節了月亮一定是好了　您

喝茶罷　這是甚麼点心

敝國的月餅　我聽說貴國的、這

個月餅、是有個緣故的、是從那一

園裏去涼快涼快就得了

官話華語教範

七九

官話華語教範

年有的、是甚麽人興的呢 儞若
間這件事的根由、話可就長了、等
得閒、我與儞談談 我昨兒出城
去一看、莊稼都熟了很好看 今
年的年成、好不好 今年很好、雖
然這麽樣兒的澇年頭見莊稼收的
還可以 儞看殼幾成年紀呀 現
在、總殼八九成年紀罷 但願老
天爺一連給幾個好年成繞好 那
麽多呢

당신、이일의、原因을무르시면、말솜이길
으니、너、한가호거던、당신과이이기호지
오 너、어졔문밧게、나아가、보닛가、곡식
이모다、닉어는딕、미우보기、됴십듸
오 떼年事가、됴흡듸니가 今年에미우됴
십듸다、이러、흉장마히라도、곡속된것、
보닛가오히려관기찬섭듸다 당신、보기
에、얼마年事나되옵듸가 즉금엇지젼지、
八九분年事는되여요 다만、하놀임이、연
히멋틱豊年이나、쥬셔야、됴켓소 그러타
마다요

會話第十三章

哎呀、天氣冷得利害　是、我向來
眞沒經過這樣兒的冷天、聽說、從
前也沒有像這麼冷　這總是、有
下大雪的地方兒　我是穿着綿襖
兒、又穿着皮褂子、還是冷咧　懇
瞧今兒還許要下雪咧　也許罷
懇瞧、說着說着、外頭飛起雪花兒
敢自好極了

官話華語教範

八一

官話華語教範

來了、赶明兒晴了的時候兒、偕們到貂山往來亭、逛々雪景、回頭邊到東河沿、溜々冰 頂好頂好
我來的時候兒、走在河沿兒看見、河裏有好些個砲冰的呢 看見、有冰場兒的沒有 有、還有些個溜冰鞋的哪 這個溜冰鞋的玩藝兒、眞快樂 他們不是白白的溜、還賽賭哪 怎麽個、賭法呢 聽

說溜的好得彩、溜的不好的受罰

我沒看過、咱們明兒到那兒去瞧

瞧　好罷

會話第十四章

你請到這邊坐、要用点兒甚麼貨

這個臉盆多兒錢　這個賣五角

五. 還有些微便宜点兒的沒有

你看那一個怎麽樣　這個怎麽個

價錢　便宜啊、四角錢　少等一

官話華語教範

官話萃語敎範

点兒罷　合儞、三角八罷　好罷
、給我包起來　是　另外、還用甚
麼東西呢各樣兒日用的東西都有
我看一看　這個大海碗、要幾個
錢　筭儞六角錢罷　給儞五角
罷　再添点兒儞就留下罷　若肯
讓一点兒價就留下　儞就給儿角
三、還不筭便宜麼　唉可以你給送
到我家裡去、連拿錢　可以、高陞

다 좀、들、밧드시오　三角八錢만밧듭지
오　그리ᄒᆞ오、싸셔쥬오　네 其外ᄯᅩ무
슨물건을 쓰옵시ᄂᆞᆫ가、各項日用이、다
잇십이다　보옵시다、이큰、뒤 접은、얼마
다라시오　六角밧옵지오　五角五錢쥬리
다　좀더ᄒᆞ여셔、사십시오　좀갑을、들ᄒᆞ
면、사겟소　당신、九角三錢만쥬십시오 ᄯᅩ
싼、셰음이、아닌잇가　익、그리ᄒᆞ오、우
리집에갓다가 쥬고、돈셕지、가져가시오
그리ᄒᆞ십시오、고마옵십이다、이물건을

八四

會話第十五章

把這個貨、給這位先生送到府上去共總是、一元三角一、隨便帶來喳^야 이냥반宅에、갓다두고、合計二元三十一錢이니、아모럿케나가져오느라、네

來了信了、不知道、是打那兒來的 便紙가왓는데、어듸셔온것인지아지못ᄒ겟소

啊、天津那個朋友、給帶來的 아、天津그이가、보낸것시니、쓰^{평역}쳬보아라、그가、쏘答狀ᄒ라니

拆開看一看罷他還要回信麼 릿요 그러면、죽금곳回答써셔、붓쳐라

還要回信 那麼、現在就寫回信 네쏘答狀ᄒ

寄去罷 上海舖子裏老沒信來、不 지 上海商店에셔、오리、便紙가、아니오니、이

官話華語敎範

官話華語敎範

曉得是怎麼個事情 打個電報問
問罷 若是不忙、等電滙錢去的
時候兒、帶着問問、不好麼 這麼
着、先知會他、把他的事情、也可
以吹歔吹歔 昨天、我去信片兒、
已就提過了 那麼、先把貨物的
行市、先打一個電報打聽打聽
信票兒沒有了麼 還有都在那帳
桌兒、抽屉子裏擱着了 你去、找

엇지된、일인지、몰으겟소 電報를、처셔
무러보아라 만일밧부지、안으면돈、換
부치러、갈쌔에、셔셔무러보면、못치안
소 이러케ᄒᆞ여、먼저그의게、奇別ᄒᆞ면、
그의일을、ᄯᅩ可以알지 어제、너가、편
지보너셔、임이말ᄒᆞ엿소 그러면、먼저
불건時勢를、電報로알어보아라 郵票업
느냐 잇셰오、文書床、셔랍예담게잇셰요
녀가차져셔몃키 가져오나라 어가져

八六

會話第十六章

儞這兒、有頂好的墨鏡沒有　有
당신여기,됴흔烟鏡이잇소업소 이거이잇

儞看這副怎麽樣　這副小一点兒
머징니가 이거는,좀,젹소

儞要甚麽樣兒的　我要大点兒
거슬,달나십잇가 난,좀,크고도,갈죽호

的、還要腰圓的　這副怎麽樣
것을要求호오 이거이엇더소 이거이,

這兒還有点兒綿的　那麽可以換換
쏘역어름이잇소 그러면,박구지오 養

着給我拿幾個來　哦 拿來了、這
잡어다가주시오 어,가져왓소 이것은

是信票兒、還有明信片兒、儞看殼
쓰표이다,이것은郵票요,쏘葉書도잇스니

用的不殼　擱下罷、殼了
쓰깃나,못쓰깃나,보십시오 노

아라,녀으호다

官話華語敎範

有養目鏡沒有 有嘔哪 還有花鏡麽 儞要初花啊、是老花呢 是中花 這個太老、帶上看着更糊塗 那麽、儞要幾十鏡 我要五十鏡 儞帶着、這副試一試 這副也不對眼 那麽換嫩花的罷 哎這副就對了、給我一箇眼鏡盒兒罷 儞要甚麽樣兒的 你們有幾樣兒都給我看看、那個好、

目鏡잇소업소 잇십이다 또、돗 보기도 잇소 엿흔거이오갑푼것이오 녜、中치오 이것은、너무깁퓌셔 쓰고셔보닛가、더 흐리구려 그러면、몃십경을、차지십잇가 난、五十鏡을찻소 당신이것쓰셔、보십시오 이거도눈에、맛지안소 그러면、엿흔것로、박구지오 읶、이거이、맛소、眼鏡匣흔기 주시오 당신엇던 거 을、달나십잇가 몃가지나잇는지、모다뵈이시오、어는거이、됴으면、됴은되로、사겟소 이거

會話第十七章

就買那個 這是、鯊魚皮盒兒這는、鯊魚皮匣이오、이거는繡匣이니、당신엇던거를、要求ᄒ심잇가 이것사겟소

是繡花的、您要那一箇 留這箇罷 錢都收好了 是、對了 돈、다、잘밧앗쇼 녜맛쇼

這兒有、中國的話條子沒有 請坐請坐、給儘看看 這是多暗的版是新近印出來的 有扣頭 沒有 九五扣 七扣怎麼樣 我們這兒不打價 還有古書麼 여긔、中國말、冊、잇소 안지십시요、뵈여드리이다 이언제發刊ᄒ거이오 이서로、빅인거십이다 割引잇소업소 九五割引이올시다 七割引엇돗스 우리여긔는、외누리아니흠이다 쏘古書도、잇소 당신

官話華語敎範

八九

官話華語教範

要看甚麼書　萬寶全書、有、給我
看看　儞請看、另外、還用甚麼書
歷史、和一本地理圖　這倒很
詳細　有時行的尺牘沒有　有
那是甚麼書　那是、新刻的農學
書　儞要字典不要　現在用不着
有理財書麼　現在可沒有、目
下就要來了　那麼先罷、我買的
這部書、核核多兒錢、包好送到我

무슨冊을, 보시랴십잇가　萬寶全書잇스
면, 보이시오　당신보십시오, 其外에, 또
무슨冊을, 쓰시랴, 십잇가　歷史와, 地圖
이것이미우仔細ᄒᆞ다　그것는, 무슨冊이오　그
것는서로開刋ᄒᆞᆫ, 農學書이올시다　당신
, 字典쓰십잇가, 안쓰십잇가　즉금쓰지
안소　經濟學잇소　즉금은, 업고, 지금곳
오게십이다　그러면, 이것만ᄒᆞ십시다, 나
, 산, 이部冊이, 얼마인지, 計筭ᄒᆞ여, 잘싸

會話第十八章

們衙門去、一塊取錢 是셔、우리마를로、보너셔、한테、돈、차저가시오 네、

請坐偭納、要用点兒甚麼東西 안지십시오、무슨、물건을、쏨쓰시랴십잇가

買雙鞋 偭要甚麼樣式的 我要 신、혼켜리、사겟소 당신、엇더혼、것을달나십잇가 體것을、要求ᄒᆞ는데、나

時樣的給我瞧瞧 偭穿這雙試 를、보이시오 당신、이커레、신어보십시

一試 這雙不合式、有点兒擠脚 오 이것은、맛지안소、좀발이쉬이구려

這兒有一雙管保合偭的脚 這 여긔혼커레잇는데、꼭당신、발에무겟소이

雙太肥了 偭穿多大尺碼的 다 이거는너무널소 당신、몃치를신으

我穿一尺零八的 偭看這一雙 십잇가 나는一尺空八分을、신소 보십시

怎麼樣　還是不行、那麼着罷、你오、이켜데가 엇덧쇼　또、못쓰겟쇼、그
們給我定作一雙罷　可以러케ᄒᆞ시오、나를혼켜데 맛처 주시오 그
照着時樣兒後跟兒、那麼高的、鞋리ᄒᆞ십시오　그런데、時體모양뒤ᄭᅮᆯ로、그러
臉兒我是要方頭的　方臉兒鞋케、뒤측이、놉게、말고、신밧탕은나는넙적
現在不時興　我不管時興不時興ᄒᆞᆫ것을、要求ᄒᆞ오　넙적ᄒᆞᆫ、신은、즉금流
只要合我的脚、就行　那就是了行이안임이다　난、流行이던、아니던、다
多暗可以得呢　得過一個禮拜만、너의、발에、맛는것이면、쓰오　그러시
爲甚麼用那麼些天呢　因爲我겟쇼　언졔나、되겟쇼　一週日、지닌야、
們現在活計太多　也可以罷되겟쇼　외그러케、열어 놀이되오　우리
가、즉금일이、너무만아셔、그럼이다　그
러케ᄒᆞ시오

會話第十九章

來啥　早車幾点鍾開呢　九点鍾開

趕得上車,趕不上　怕趕不上、儞坐着東洋車去還可以

儞去叫一輛東洋車來　車來了

拉我到火車站去、你要多兒錢

儞給我三角五罷　太貴了

今兒道兒上很泥濘　那麼給你三角罷

可以、儞請上車罷　儞要三角罷

오나라　네이　처車、몃時에 써나느냐

九時에 써남이다　車를 밋치겟너、못밋치겟너　아마못미치실가보이다　당신人力車 타라고、가시면、인제도、관게치 안쇼　너 人力車、한처 부러오느라　車 왓십이다　停車塲서지、가는데、얼마들나느냐　三角五錢 주십시오　너무빗사다　오늘 길이미우지름이다　그러면三十錢 주마　그리ᄒ십시오、타십시오　당신몃時車를

官話華語敎範

官話華語教範

坐幾点鍾的火車呢　九点鍾車晚不了麽　可以、決誤不了　快点兒走、別誤了　儞放心誤不了我跑的快　正好、還赶上了　儞去給我買張車票來　儞要買幾等的票呢　買頭等的罷　是、連車票、帶找錢都在這兒了儞納是、你的車錢、另外給儞一毛錢的酒錢　謝謝儞納

시랴십잇가　九時車、늣지안케ᄂᆞ　관게찬소、늣지안십이다　좀、속키거러늣지、말게ᄒᆞ여라　념녀마십시오、늣지안십이다、데가、뛰기를빨이ᄒᆞᆷ이다　쑉됴라디여왓다　너가셔、車票ᄒᆞ張、사오ᄂᆞ라　당신몃等票를사시랴십잇가　一等으로、사라　네、車票와、거스름돈、슈지다여긔잇십이다　아、이것은、너의車價요、特別히、네酒次十錢쥰다　고마옵십이다

九四

會話第二十章

借問儞哪、車房在那兒　那邊兒
就是　從這兒到天津、車價是多
兒錢　儞瞧々這賃車表上都有
借光借光　好說　儞去、買張車
票　是　給儞的車票　那個是
二等車　這個就是　快上車罷、
這就要開哪　這個車、人都滿了、
儞到那邊去罷　車停住了、是怎

말삼, 좀, 무루십시다, 待合所 가어디오 저편거긔오 여긔셔, 天津 ᄭᅡ지, 車價이얼 마오 당신보시오, 이賃車表우에 다잇쇼 고마옵십이다 녜, 가셔 車票, 사오나라 네, 당신車票 올시다 어느것이, 二等車오 이것이오 어셔오르 시오, 이곳, 車가 셔 나랴고ᄒᆞ오 이車는 사롬이 모다찻스니, 당신저리로, 가십시다 車가굿첫스니, 엇던셕닥이오 녜 停車 塲에왓쇼 이停車塲일홈이 무어시오 여

官話華語教範

九五

官話華語敎範

麽個緣故　是到了車站了　這個站叫甚麽名　這兒就是千金寨　啊得停多大時刻　停不了多大工夫、不過十分鐘罷　到下站還得倒一回車麼　這是快車小站不住　現在帶着有多少輛車　我數了二十二輛來　把上等的飯、給我兩匣兒、共多兒錢　一匣是二角半　買茶的、倒一壺茶來

긔는千金寨이올시다　얼마時間이나、停車ᄒ오　얼마동안、停車ᄒ지안소、不過十分이지오　아릭停車塲에가셔도 ᄒᆞᆫ번車가、밧퀴옵닛가　이車ᄂᆞᆫ急行車라、小停車塲에ᄂᆞᆫ、긋치지안소　너가、세여보닛가、二十二個오　오ᄂᆞ라上等밥을두匣만다오、合이얼마냐　ᄒᆞᆫ匣이二角五錢이올시다　茶쟝사、茶ᄒᆞ오　煎子、싸러오ᄂᆞ라　녜여긔셔쇼三十分

喳　在這兒、還得停三十分鍾的　車儞不下去洗々臉麽　費儞納心

、我這幾個行李、儞給照應一會兒

可以

會話第二十一章

儞們這兒、有閒屋子沒有　有啊

儞納　領我們看々　是　來八、

把這幾位先生、領到五號屋子去

看々　這就是客堂麽　是　可以

停車되니、당신너려가、洗手아니ᄒ시오
당신、슈고ᄒ십시오、너이몃게行李暫間苦
보아주십시오　그러케ᄒ시오

너의、여긔누는방、잇니업니 잇슴이다
우리ᄃ리고가、보자　녜　누구오 나라이
몃분先生 을、ᄃ리고、五號房에 가셔、보아
라　여긔가客堂이냐　녜　관게찬타、너
의여긔들겟다　우리들、行李와、물건을누

官話華語敎範

官話華語教範

的就住儞們這兒罷 把我們的行李和東西、叫人拿上來 是都拿上來了麼 都拿上來了 兒水來擦々臉 是胰子手巾都擱在這兒 唉可以 懇得幾點鍾用飯哪 六点半鍾罷 給我拿盒洋火來 給儞洋火 擱在這兒罷 茅房在那兒 就在這後邊兒 這屋子、是第幾號 是第五號

구、부러셔、올여 오나라 네、다올 여왓십이다 물솜쎠 오나라、洗手ᄒ겟다 네、비누、手巾、다여긔 노엿십이다 오그리 당신、몃時에、진지、잡슈시게십잇가 六時半에、ᄒ여라 성냥혼匣、다오 당신들이 는 셩양이올시다 여긔노아라 뒤싼이어 디냐 이뒤에잇십이다 이방이、第몃號냐 네、第五號올시다 나、茶먼저、민들어 준 然後에、밥、쳐려라 네、끗되 옵이다 여러분、다잡슈섯십잇가 掌櫃的、무슴일이

給我先沏上茶然後就預備飯罷

是就得 衆位都吃過了 都吃過了、掌櫃的、有甚麼事麼 沒別的事、請衆位、把貴原籍、和營業及姓名慿給開一個清單、我們櫃上、好報巡警預備調查 可以我開好、就送到櫃上去

會話第二十二章

我的帳、還沒開出來麼、告訴掌櫃

官話華語教範

九九

官話華語敎範

的、把我的帳、快開出來　這是開
來的帳、請賬儞納　這開的過逾
多了　我們不敢多開、這筭是很
公道　這兒還有沒吃過的 点心
哪　是、這裡頭、沒給儞筭上　儞
們筭的飯錢太多、你們從前、不是
說就筭一塊錢麽　我們、不敢多
筭儞的錢、儞說多少、就給多少罷
儞們把總碼兒、開錯了　沒有、

櫃的의게、내의、셰음을셤아 내라고、일너
라 이거이젹어온文書이오니보십시오 이
젹은것이、너무파ᄒ다 우리뎌젹지、안십
이다、이민우公平ᄒᆫ、셰음이올시다 여긔
ᄯᅩ먹지아니ᄒᆫ菓子가잇고나 뎨、이中에
는뭇지아니、ᄒ엿십이다 너、의들、밥갑
슬、너무만이밧는다、너들 이젼에、一圓밧
는다고、말ᄒ지아니 ᄒ엿느냐 우리、당신
게、만이밧지 안슴이다 당신、말슴대로、쥬
십시요 너들、이合計을、잘못 젹어다 업
소니다、우리가、이合計을 셰음놋 키를、특々이 ᄒᆫ것
인데、어듸틀인것이잇세오 이거이아니

我們算的、清清楚楚的、那兒有錯呢　這不是麼、你再好好兒看看　是這碼、多拐了一拐、我給你可以改一改　這行了、這兒有五塊錢、先給你、下剩這五塊、等到後天、給俩們送來　俩有甚麽、交給我、帶去的東西麽、請俩務必明兒個打發人、送到我這兒來、因為後天我要發行李　是罷

너다시잘보아라　네이算字를、훈회을더、슈부려십이다구려、내、곳쳐드리지오쥬는것시오、남져지이五圓은、再明日되거던、너의게로、보내마　당신무슨、너게븟처보닐실、물건、잇거던、당신아모조록、닐스람히셔、너게로、보닉십시오、위그런고흐니、몰에는、너가行李을發送코져、흠이다　그리흐시오

官話華語教範

會話第二十三章

管棧的來　喳、做甚麼慾納　請
잔

儞們掌櫃的來　掌櫃的來了　慾

請坐　慾叫我、有甚麼事情啊

這開上海的船、甚麼時候兒開呀

今天晚五点鍾開　我現在上船

晚不晚　不晚、慾現在要走麼

我要走、請掌櫃的、給我買一張二

等船票、送我上船　船票買來了、

儞行李都拾掇好了 쎠뒤 신行李다、收拾ᄒ엿십잇가 다되엿소

那麼、偺們就走罷 그러면、우리못가십시다 어、다왓소、당

哦、到了、儞請上船罷、儞的東西、等我給儞運去 신비에올리십시오、당신의、불건은、니、당신게로실어、보너셰요 이거이、당신의、

這是、儞的東西、儞請点一点對 物件이니、당신맛나、아니맛나、죠슈ᄒ여、보십시오 올소맛소당신슈고ᄒ십이다、

不錯對了、勞儞駕、叫儞受累 쌔레 망신을슈고식킷소 됴혼、말삼이오、우리

好說儞納、偺們回頭見罷 잇다가、뵈옵시다

會話第二十四章

怎麼、這船還不開呀 快了等海關信箱到了、就要開了 哦、好了 엇지、비가입셔써 나지안소 거진되엿소 海關에셔船牌가온、뒤면못ᄶ나지요 어、

官話華語敎範

一○三

官話華語教範

提錨了要開船了好 今天風平浪
靜偺們坐船的造化了 偺們上船
頂上、遛達去罷 到了吳淞口了
船靠了碼頭了 偺們下船罷 儂
住那兒了 我先住在行裏 儂把
報關的招來 我的貨、報下關來
了沒有 我這就帶提單去、報好
了關、就起來了 儂的貨、都報下
來了、儂請看一看對不對 不錯

맛라、닷줄드러 다쎠나랴 고ᄒᆞᆫ다 묘라、
오ᄂᆞᆯ風平浪靜ᄒᆞ여셔 우리、비、탄사람의
福力이요 우리、船上으로、건일러、가십
시다 吳淞口에왓다、비가埠頭에닷다
우리비에너립시다 난、아즉商店에셔留ᄒᆞ겟소 당
시오、당신、어대 가셔、留ᄒᆞ
신報關ᄒᆞ는이를、부러 오시오 나의物品
報關ᄒᆞ엿소、아니ᄒᆞ엿소 나、이곳掌記가
지고、가셔、다報關ᄒᆞ고、物件ᄫᆞᆯ겟소 당
신物件、다報關ᄒᆞ엿소、당신보십시오、맛

會話 第二十五章

對了 通共多少稅銀 這兒有單子,儞請看 好,就叫櫃上給我墊付上可以不可以 可以 儞們等後手一塊兒再筭罷 就是
맛나아니맛나 올소,맛소,합이얼마稅金이요 여기發記잇스니,당신보십시오 둇소,못가지더러,치려 쥬라고,ᄒᆞ면,되겟소 그리ᄒᆞ십시오 우리,이다음에ᄒᆞᆫ데 세음ᄒᆞ십시다 그리ᄒᆞ오

儞從那兒來的 我從香港來的 多曤在香港開的船啊 上月二十五開的船 坐甚麼船來的
노형,어대로셔,왓소 난,香港으로왓소 언제香港셔,쩌난비요 지난달二十五日에셔난비오 무슨비라고왓소 船主,죽금비에,잇소 船主죽

官話華語敎範

官話華語敎範

坐日快丸來的　船主現　在在船
　上麽　船主剛上岸去了、儞是做
　甚麽的　我在海關上當差　儞有
　甚麽事、到這兒來啊　我是調查
　裝卸貨物的、儞的船裝甚麽貨來
　的　裝來的紙張帶皮貨、還有点
　兒雜貨　多少頓數啊　共總一千
　八百五十多頓　有多少箇坐兒
　二十七箇人　都是那兒的人　日

금下陸ᄒᆞ엿소、당신은、무엇ᄒᆞ는이오난、
海關구실단이오　당신무슴일이잇셔셔、
여긔왓소　나는、물품、실고、내리는것
調査ᄒᆞ는사ᄅᆞᆷ이오　당신ᄇᆡ에、무슴、물
件실고왓소　ᄯᅳᆷ雜貨가잇소　얼마頓數오　合
ᄒᆞ고、一千八百五十餘頓이오　몃사람이나、되
오　二十七箇人이오　모다어ᄃᆡ사람이
오　日本人二十三　中國人四箇오　당신
은、처음、이港口에오셧소　네、이港口는
처음왓소　당신敝國에、온것는、무슴일이

本人、二十三箇、中國人、四箇 게시오 나는、장사호러 왓소 당신、가진

儞這位是初次到這口岸來的麼 箱子속에、이무엇시오 이나의、향 용입

是、這個碼頭我是初到 儞到敝 는옷이오 가방에、담은것은、무엇시오、

國來、有甚麼貴幹 我是做買賣 길에단이며、쓰는잔물 건이 오 쑥기를

來的 儞帶的箱子裏頭是甚麼 열어、나를뵈이시오 여러 쓰니、당신보십

這是我隨便穿的衣裳 皮包裏 시오 울소、담어두시오

裝的是甚麼 走路兒用的零碎

東西 把蓋兒打開、給我看々

打開了、儞請看 行了、儞收起來

官話華語敎範

一〇七

會話 第二十六章

客人貴姓　賤姓劉未領教、掌櫃的怎麽稱呼　賤姓梁　貴處
處廣東　儞在這兒、做買賣多年了罷　有十幾年了、可以叫夥計
給儞預備飯罷　飯倒不忙、我倒是有一件事、要請教掌櫃的　豈
敢、儞有甚麽事情　剛纔、我下船

罷

손임뒥틱이십잇가　너姓은劉가을시다、掌
櫃的은누구심잇가　너姓은、梁가을시다
貴處는요　敝處는、廣東임이다　당신여
긔셔、쟝사호신지、여러힣십닛가　十余年
되옵이다、夥計부리진지쳐리오럿가　밥
은밧부지안소、나는혼조건、掌櫃的케엿
쥬와보올일이잇소　豈敢、당신무삼、일이
잇십닛가　악가、비에너리셔에、運送部가니、行李를너려쥬는디、그의말이、그

的時候兒、脚行給我往下起行李、他說是、那箱子甚麼的海關上總要打開驗的、怕是夾帶私貨和犯禁的貨、我不明白甚麼是私貨、甚麼是犯禁的貨、所以要請教的

那私貨、就是沒上稅的東西打筭藏在行李裡頭、是不行的、至於這犯禁的貨、比私貨又利害多了、像甚麼洋槍火藥彈子、這些個都是

箱子무엇을、海關에셔、도모지열고檢査을ᄒᆞ려ᄒᆞᆫ 것은、私貨와犯禁品을、가베그리ᄒᆞᆫ다ᄒᆞ니、나는、이무엇이私貨며、무엇이、犯禁品인지、물나셔、엿쥬어보는것이、올시다 그私貨은、곳이稅金너지아니ᄒᆞᆯ물건을、行李속에다가、감추어셔는못쓰지오、이犯禁品ᄒᆞ셔는、私貨보다、쪼심ᄒᆞ읍이다、무슨、양총、火藥彈子、이여러、가지갓튼것은、모다이犯禁의인딕、原是商人의私相賣買을、못ᄒᆞ게ᄒᆞ기로、法이미우嚴ᄒᆞᆫ것이라、私貨갓튼거슨海關에、搜索

犯禁的、原是不准商人私買私賣的、定例是很嚴的、像私貨、叫關上搜出來、不過加幾倍罰銀、若是搜出犯禁的貨來、那可了不得、不但把貨入官、還要把人治罪的哪 是、承儞指教

會話 第二十七章

儞的行李、都拾掇好了麽 都歸着好了、竟等着吃完了飯、就走了

되면 不過몃倍罰金이나려、ㅎ지마는、만약犯禁、品을搜索ㅎ여너면、그거는大端ㅎ지오、物品을갓다가、乾沒만홀뿐아니오、坐사룸을治罪ㅎ랴고ㅎ지오 네、알엇십이다

당신의行李다잘收拾ㅎ엿소 다잘收拾되고、밥만、먹은뒤은、곳가겟소 行李가、임

行李既然都歸着好了、儞就先、交
給他們這棧裏、叫他們、雇人送到
火車站去 先把行李、發了去安
當麼 那沒甚麼不安當的、客人
們坐火車、大槪都是這麼辦、儞當
是行李必得跟着客人一塊兒去
麼 我當是、必得那麼着了 儞
聽、我告訴儞、叫他們這棧裏一個
夥計來、所有儞是幾隻箱子、幾個

이다 收拾되엿스면、당신먼져、그들客主에
委任ᄒᆞ여、그들더러、사람 어더 셔、停車塲
으로、보너게 ᄒᆞ십시오 먼져行李를보너
셔쓰겟소 무엇不適當ᄒᆞᆯ 것업지오、손임
들이、車탈 ᄯᅢ에ᄂᆞᆫ、大槪모다이러케ᄒᆞ지오
당신은、行李가ᄯᅩᆨ、손임을ᄯᅡ러셔ᄒᆞᆼ당가는
줄로、아심잇가 난、반ᄃᆞ시、그러케ᄒᆞᄂᆞᆫ
줄로아럿구려 당신、드르십시오、너말삼
ᄒᆞ오리다、당신그들客主에、ᄒᆞᆫ지 夥計를오
리셔、모든、당신의、이멋짝箱子 멋기 보롱

官話華語教範

包裹通共是多少件數兒、儜都當
面兒點明白了、交給他、他就可以
雇人先送到火車站去、上了磅、火
車站給幾個銅牌子、他拿回來交
給儜、儜帶好了、趕到了地土、儜
到在店裏、不論打發是誰、拿這個
銅牌子、到火車站去、就把行李
取出來了、這不是省事安當麼
實在承儜指敎 好說好說

이숍, 이뎟가지를, 당신, 當面히셔, 그사
롬의게, 밋거시면, 졔가, 사롬어셔더, 먼져
停車場으로, 보너여, 달고보면, 驛場에셔
몃기 銅牌를쥬면, 그가갓다가, 당신게드리
거던, 당신잘가지시고, 가시는듸, 가셔는,
당신旅舘에드시고, 이누구를 보너시던지,
이銅牌가지고, 停車場에가셔, 밋行李를차
저너일터이니, 이일, 덜고安當치안십잇
가 참가라처쥬시물입버십이다, 됴흔
말솜이올시다

會話第二十八章

回稟老爺、天津來了箱子了 有
信沒有 就這一封信、請儞看々
有人押來了沒 沒押箱子的
就是趕車的送來的 他是多咱動
的身 他說、他前兒個早起、動的
身 這麼長天、怎麼會、走了三天
呢 他剛纔說、大道上、竟是泥和
水、所以兩天沒能趕到 儞們把

老爺게엿쥬옵이다、天津셔箱子가、왓슴이
다 편지잇느냐업느냐 이편지오니보십
시오 뉘가압영ᄒ야、온스름잇느냐업느
냐 押領훈이업고、車夫만가지고와십이
다 그는언제셔ᄯ나다ᄒ드냐 그가그젹게
아참에셔ᄯ나다고훕되다 이러케긴늘에、
엇져셔、三日이나왓느냐 그가앗가말훔
는데큰길이왼통、질고、물이여셔、兩日에
못디여왓담이다 너의들箱子을다윈겨드

官話華語敎範　　　　一二三

官話華語教範

箱子、都搬進來了麽　리엿느냐　다옴겨드렷십이다　調數호닛
儞点了是多少隻　我点了是　가몃隻어드냐　너가調數호닛가、이 十四
十四隻　那就對了、儞出去問問　隻이예오　그럼맛는 다、너、나아가셔、赶
赶車的、還短他兩塊錢、對不　車的의게、네、너가、나아가셔、赶車的게、
是、我出去問了赶車的了、他說不　무러보닛가、그가올타고희요 二圓車雇價
錯、是還短他兩塊錢的車錢　那　들쥬엿다고홉되다　그러면、너、이二圓을
麽儞把這兩塊錢給他拿出去叫他　너다가、쥬고、그더러가라고、호여라　여
走罷　請問老爺、把那些箱子、擱　봅시오、老爺임、그여러 箱子들을、방으로
到屋裡去罷　那不是都是我的箱　드려노으라、십잇가　그다、나의、箱子가

子 那麽有老爺的幾隻呢 那裡 안일다 그러면、老爺것이、몃隻이나、되
頭有四隻大箱子、是我的、拿到這 옵닛가 그속에、四隻大箱子가잇는듸、이
屋裡來罷 那十隻是誰的呢 那 니것이오닛가 이방으로드려오、라 그二十隻
都是李老爺的 俩明天雇車給送了 은、뉘것이오닛가 그모다、李老爺것이니
去罷 是 脚錢都給了他們了麽 너、來日車、어더셔、보너쥬어라 네、雇價
是、都給他們了 다、그들쥬엇나냐、네、그들쥬엇십이다

會話第二十九章

儞把那封信、送到陳宅去了麽 是 너、그便紙를、陳宅에、갓다두엇느냐 네
送了去了 陳老爺在家了麽 陳 보너십이다 陳老爺、집에게시더냐 陳

官話華語敎範　　　　　　　　　　　　　　　一一五

老爺沒在家　儞見了誰了　我見了陳宅裡、管事的了　儞沒問他陳先生是上那兒去了麼　我問他來着、他說陳老爺拜客去了　儞沒在那兒等着麼　他說、陳老爺總得掌燈的時候兒纔回來哪、所以我沒等着　儞把信留下了麼我留下了　儞交給誰了　我就交給那個管事的了　儞怎麼告訴他

老爺집에、아니게셰오　너、뉘구를보앗너뇨、陳宅에일、보눈이를보앗십이다너그게、陳先生이、어딕가셧눈지、못지안엇느냐　너가무러셧셰오、그의말이、손임보러갓다고、ᄒᆞ여요　너거기셔、기디리지、아니ᄒᆞ여쎠느　그의말이陳老爺께셔、엇져던、불켜셔나、드러오신다고、ᄒᆞ여셔、아니기다려십이다　너、便紙를、두엇느냐두엇십이다　너、뉘게미기엿느냐　너、엇더케、그일보눈이를쥬엇십이다

的　我告訴他、趕陳老爺回來、就趕緊的交上去　他不至於忘在脖子後頭哪　我想、他不能忘了他知道那是一封要緊的信　我告訴他說了那是一封要緊的信倆沒說、可以多晗取回信去麼他告訴我說、若是有回信、他們可以打發人給送來　他們打發人給送來、總不可靠我想還是明天、倆

의게일너ᄂᆞ냐　너가、그게일ᄂᆞ기를、陳老爺、도라오시거던、밧뺄니드리라고、ᄒᆞ엿십이다　그가이작ᄒᆞ고너바려두든안케ᄂᆞ냐　너、싱간컨니、그가잇지는못ᄒᆞ리다　그가、그거이急ᄒᆞᆫ便紙인쥬돌아ᄂᆞ냐　너그의게그거이急ᄒᆞᆫ便紙라고、일러십이다　네가언제答狀가질러오마고、말ᄒᆞ지아니ᄒᆞ엿니、그가、너게ᄂᆞᆫ말기만일回答이、잇스면그드리、可以사름보녀가져오마고、흡듸다　그드리、사름보녀여가져온

會話第三十章

儞幹甚麼來了　我有点兒欵項、存在這兒好不好　要存多少　五百塊錢　儞要定期啊還是要不定期的呢　這裏頭有甚麼分別麼　是、沒定期是隨便使用、有定期的、是不到期不行　那麼、沒定期

取去罷　是、我明兒一清早、取去

好不好　那麼很好

的好　這是取錢的川往帳、願收
　　찬
好了　不拘那一天、都可以隨便
取用的　禮拜那一天、是不付存
歇的　是了、我有一件事要領教
　　　관
甚麼事情　比方要有借銀子的
、若是有貨物或是有產業押在這
　　　찬예야
兒可以行麼　行啊　是怎麼個利
錢　那也看錢數兒多少、也看本
人的信用過不去四厘　那就是了
　　　　　　　　　리

定期가못소　이거는、돈차는通帳이니、담
신잘두시오　어너놀이던지、모다 ᄀ 함듸
로차져쓸잇가　空日ᄒ로는、밋긴돈、지발
안쓸이다　네、ᅳ너가ᄒᆞ엿쥬어、볼것이
잇슴이다　무슨일이오　가량돈을쎠여쓰
라는이가、잇스면、만일、물건이나不動
產이잇셔、여긔典當ᄒ면、可以되것소　되
지오　利子는엇던소　그錢數多小도보고
木人의信用도보는듸、四厘에지너지안소
그러겟소우리쓰뵈웁시다

官話華語敎範

一一九

會話第三十一章

辛苦儞納　來了儞納、請坐請坐　슈고ᄒᆞ심이다　오십닛가、안지십시오앗

現在此地錢項兒怎麼樣　咳不用　지십시오　즉금여긔、錢政이엇덧소　히、말ᄒᆞᆯ것업소、錢荒ᄒᆞ기가、더단ᄒᆞ오　당신

提了緊的很咧　儞這兒徃漢口滙　여긔셔、漢口로도、換ᄒᆞ십잇가　되지오　당

兌行不行啊　可以儞滙多少　我　신얼마換ᄒᆞ십닛가　二千兩銀子를、換

打筭滙兩千兩銀子、怎麼個滙水　ᄒᆞ려인ᄃᆡ、換費가、엇더소　당신漢口로換

啊　儞滙漢口的滙水、現在長一　ᄒᆞ는換費는즉금、좀、올나십이다、前몃칠

点兒、頭幾天工夫、是每千兩、十　동안은、每千兩에、十五兩銀子의市勢러니

五兩銀子的行市、今天、總得十七
兩銀子、打算是怎麽個滙法呢、電
滙啊、是票滙呢　我想頂好是電
滙　那可以、電滙總比票滙、花費
多一点兒　多甚麽花費呢　也沒
甚麽別的、就是來往電報費、都得
儘管、我們不管打電報的事情
大槪這電報費、用不了多少錢罷
哦也不少哪、總得十幾塊錢罷

오늘은、엇지던、十七兩銀子나、되는디、
엇더케換을ᄒᆞ실셰음이오電報換이오、票
로、換이오닛가　난、第一됴흔것이、電報
換인듯십소　그러케、ᄒᆞ시오、만는、電報
換이、도모지、票換보다는、浮費가、흠마는
디요　무슨浮費가、더흠잇가　무슨別것은
업고、뎐이來往電報費를、모다당신이當ᄒᆞ
게되고、우리는、電報ᄎᆞ는事件에는、不管
이오　大槪、이電報費는얼마돈되지안케
지오　어、쏘不少ᄒᆞ지오、엇지던、十余圓

那麼着、我要是票滙呢　儞若是要票滙、沒有別的花費、就是滙水就是了　那麼、儞那漢口行裏、見票就付麼　不能、總得見票三二日、纔能付錢唎　若是這麼着、我恐怕誤事啊、偺們還是電滙罷、儞点一点這是両千両銀子、儞就打電報罷、電報費多少、歸我一塊兒、筭帳就是了　儞看々、這是給

들지오　그러면、나는、票換으로 호겟쇼 당신만일票換으로 호시자면、別浮費는 업고、닷이換費뿐임이다　그러면、당신그 漢口行에셔、票만보면곳돈을쥬겟쇼　못되지오 엇지던、票를본후二三日되여야、돈을쥬지오 이럴것갓드면、나는、일이쓸릴가、두려오니、우리다시、電報換으로, 호십시다、老兄調數호십시오、이거이二千兩銀子요、당신곳電報、노으시오電報費다쇼 는너게로、한데붓처세음치시오 당신오

會話第三十二章

儞開了一個淸單、連滙水帶電報費、都在其內 那麽 我就回去寫信去、就是了
십시오、이거이、당신드릴發記인데、換費와電報費々지、다그속에잇삽이다 그러면나는곳도라가셔便紙쓰러갓겟소이다

前天、金于山、請儞、到他家裡、是有甚麽好事情、商量啊 儞眞說着了、他和我說、他在衙門裏辦安了、一處開壙的事 開甚麽壙的事情 是開金壙的事情 執照他
그젹게、金于山이、당신을、그에、집으로、請ᄒᆞ여간거는、이무슨 혼일、商議가、잇셧소 당신、참말솜이오、그가、나더러、말ᄒᆞ는데、그가官廳에、훈곳 開礦ᄒᆞᆯ일을、辦ᄒᆞ엿다고ᄒᆞ읍듸다 무슨礦을ᄒᆞ는일이오 이金礦의일이예오 認可狀은、맛타니

官話華語敎範

一二三

官話華語教範

領下來了麼　他已就領出來了
他和倻商量的、是怎麼辦法呢
他說衙門的事情是辦妥了、就是
沒有本錢　他沒有本錢、怎麼能
辦開壙的事情呢　他打筭招五十
個股份每股五百塊錢、通共兩萬
五千塊錢的成本、三年一筭帳、應
得的賺利、按股均分　他本人筭
幾個股份呢　他說、他佔十個股

엿소　그가、임이무러너엿셰오　그가、당
신과商議ᄒᆞ는것는、이엇지ᄒᆞ자ᄂᆞᆫ것이오
그가、말ᄒᆞ기를、官廳일은、이다되엿는
ᄃᆡ、이資本이、업다　그가、資本
이、업쓰면、엇더케、開礦ᄒᆞᆯ일을、辦斷ᄒᆞ오
그의預筭이、五十個股本을、募集ᄒᆞ는데
、每股　五百圓式、共合二萬五千圓의資本
인ᄃᆡ、三年一次、셰음보아셔、應得ᄒᆞᆫ、남
은利益은股金에對ᄒᆞ야、均配ᄒᆞ기로、ᄒᆞᆷ된
다　그의本人는、몃箇股나、치움더넛가

分、下剩的四十個股子、他托我給
找入股的人 儞的意思怎麽樣呢
그의말이、그는、十箇股돌너고、남져지
四十股는、그가、내게、付託ᄒᆞ여、股들、사

我想是這麽樣、和朋友們商量
儞的意思怎麽樣呢
룸을、어더나고ᄒᆞ더라 당신 성각 은엇

商量、若是有肯入股的、我至少也
得隨上幾股罷 原來這開礦的事
더소 너성각은、이러소、親舊들과商議ᄒᆞ
여보아셔、만일股들겟다ᄒᆞ는이가 잇스면、
나도적어도、멧股ᄶᅧ러、ᄂᆡ야되겟소 原來

情、是大有裕利的事情、要緊得
大家同心合意的、設法開採、必定
有發財的 儞說的不錯、偺們大
家分心、把這股份招齊了、再做一
이開礦일은、大端큰利益이、잇눈일이니、
다판졀、여러시同心合意의硏究開採ᄒᆞ면、
必定코、富者될것이지오 당신 말삼이올
소、우리여러시、홉써、이股份을、릐다募集

官話華語敎範

一二五

官話華語教範

會話第三十二章

掌櫃的很忙啊　儞請裏邊坐　我打算做一套禮服、請儞把衣裳樣子拿來、我看々　儞請看　這個樣子未免老一点兒、請儞把現在時興的樣子、再找一本來、我看々　這個樣子、倒不錯、就照着這樣子做罷　儞把我這身量的尺寸量

장청
定的章程就是了

掌櫃的 民우밧부구려　드러와안지십시오　너가, 일습禮服을짓게는디, 당신옷見本을, 너오시오, 너, 좀보겟소　당신, 보십시오　이見本이, 암만히도, 좀오린거이니　당신現在時行見本을, 다시ᄒ나, 차저더니시오, 나좀보겟소　이見本이관게찬소, 곳이見本디로, ᄒ십시오　당신나의, 키치슈롤

ᄒ여가지고, 다시一定호章程을, 민드십시다

一量開一個單子　倆看々怎麽樣

很好　您要用甚麽料子呢　我

看々您這衣料子的樣子、這是上

等的羅紗麽　是這是頂好的了

若按着這個料子做一套、連工合

多兒錢　這是怎麽着、您來了、我

們決不敢多筭您錢、連工帶料、您

給六十五圓罷　六十五塊錢、太多

了、少筭点兒怎樣　我們這店裡

지여보고、發記ᄒᆞ나 너쥬시오 당신보십시
오、엇더ᄒᆞ오 미우둇소 당신무슨、감을
쓰시럄잇가 나좀、봅시다、당신、이 옷감
의、見本이、곳上等羅紗오 녜、이거이第
一됴흔것시오 만일、이 감디로일 ᄉᆞᆸ을、지
으면、工錢ᄉᆞ지얼마오 이엇지던、당신이
오신지라、우리가、決코당신돈、만 이밧지
는、못홀것이잇가、工錢과材料ᄉᆞ지ᄒᆞ여셔
六十五圓만、쥬십시오 六十五圓은、너무
만소、좀를밧으면엇더소 우리、이廛에셔

言無二價、並且、工堅料實、與別家不同少了麼、我們是、不敢應的既是這麼說、你們把活兒、給我好兒做　就這麼着罷　幾時可以得呢　我等是、今天是禮拜五下禮拜六、來拿罷　也可以、這是十塊錢、給憫做爲定錢、下餘之錢趕等着我來、拿衣裳的時候兒帶來、儞還得、給我開一個領收的單

외나리도업고、쓰는、工力과材料를堅實이 ᄒ기로、다른집과는、不同ᄒ 닛가、적어셔는、우리는、맛지못ᄒ겟십니다　임이러 ᄒ다ᄒ면、당신네들、일을、잘ᄒ여쥬시오이러케ᄒ십십시오　언제나되겟소　니假量에、이오놀이、金曜日이 잇가、다음土曜日에、와셔가져가십시오　그러시오、이十圓는約條金삼어쥬고、餘錢ᄂ넌、와셔옷、가져갈셔에、가지고오리다、당신또、나를領收一張써셔쥬시오　당신 맛나안맛나、보

會話第三十四章

新禧々々　同禧々々　儘請上、
시
新年서희에福만이엇드엿십닛가　彼此ㄷㄨㄟ
소　당신올나오십시오、너가歲拜엿쥬겟

我給儘拜年　豈敢、我這兒、也給
儘道新喜　不敢當偺們兩便罷
소　千萬에요、우리두리다고만두십시다

那麽也好、儘請坐罷　令尊前、求
儘帶我、見一見　今天沒在家、回
그러면亦못소당신、안 지십시오　春丈게
、당신나를、드리고、뵈여쥬십시오　오늘집
에아니게십니다、잇다가、말슴ㅎ여드리지

子　儘看對不對　好、那麽、我下
禮拜六打發人來拿　就是罷　改
天見罷　儘回去了　不送々々
시오　못소、그러면、너 다음土曜日에、사
름보너여、가져갑시다　그리십시오
맛납시다　가십닛가　나오지마읍시오　쏘

官話華語敎範

頭我替您說罷　那麼就求您、替您(듸)說罷　那麼就求您、替 오　그러면、당신말솜ᄒᆞ여쥬십시오　당
說就是了　您、年下做甚麼消遣 신、셔를에、무슴消遣을ᄒᆞ엿소　別것업지
也沒甚麼、左不過年々兒的俗(쎤)(쑤) 오、아모럿뎐年々俗일ᄲᅮᆫ일지오　당신李
套子罷咧　您沒見李先生麼　是 先生못보셧소　어제우리집、온거롤보니가、
沒見、他昨兒、到我這兒來着、說是 집에업엿셰오　어제우리여긔왓셔ᄂᆞᆫ
在家　昨兒他到我這兒來着、說是 데、쏘宅에간다고ᄒᆞ듸다、近來그ᄂᆞᆫ슈
還要到您府上去、近來他倒發了(부) 돗십듸다　그럿십듸니가、너、잇다가、쏘
福了　是麼、我回頭、還要到他那 그의게、가겟소　잇다가、당신가실ᄭᅴ에、
兒去咧　回頭您去的時候兒我還 너가、(ᄯᅩ당산게、請求를좀ᄒᆞ겟소　당신、
無슨일이잇십잇가　당신、좀請ᄒᆞ여쥬십

要求々儂哪 儂有甚麽事 求儂
替我邀一邀到二十我敬冶杯茗求
其千萬賞臉別推辞 是我必給儂
說到就是 我再當面請々儂納至
期儂務必早來咱們聚會聚會 是
了我必早來、替儂張羅々々

會話第三十五章

儂來了 好啊儂納 請裡邊坐罷
今兒天氣冷罷 今兒倒不很冷

官話華語教範

您今兒沒事多坐會兒咱們談一
談一塊兒吃個便飯　您別費心我
是剛吃完了飯就來了　到這兒、
您別作假、您隨便、吃点兒点心罷
我來了就討擾您納　好說、您
隨便用罷、這是敝國的点心、這是
西洋的点心、您是、愛吃那一樣兒
吃那樣　您別布了我自己取罷
您喝盃麥酒　我可不會喝酒

려민우, 차지안소　담신오늘, 일업쓰시니
좀, 뎌, 노시다가, 우리이익기 나ᄒᆞ다가갓
치찬업는밥이나, 잡슈고, 가십시오　담신
이쓰지마릅시오, 나는막, 밥먹고곳왓소
여긔오셔셔, 당신假作ᄒᆞ지마십시고, 당신
마음디로, 菓子좀, 집슈십시오　너가오면
곳討食을ᄒᆞᆷ이다구려　됴흔말슴이오, 당
신마, 음디로잡슈십시오, 이것은, 敝國菓
子오, 이것은西洋菓子이오니, 당신, 어느
거슬, 잘잡슈시는디로잡슈십시오　당신
勸ᄒᆞ시지마르십시오, 내가, 먹겟습이다

會話第三十六章

這是麥酒喝一点兒不要緊　儞請

儞怎麼吃這麼点兒啊　我實在

是吃豞了、我到儞這兒來、還能作

假麼　那麼就不強讓了、儞請那

邊屋裏坐罷　不咖了、我改天再

來、今日叨擾謝々儞納　那兒的

話呢、實在是慢待　好說好說

勞儞駕給我診一診脉　儞覺着不

官話華語教範

官話華語敎範

舒服麽　是胃前覺着怪疼的　那 시오　당신편치안으십잇가　뎨가상이몸
邊覺着疼啊　左邊兒心坎子、疼 시압퍼요　어느편이압푸시오　左便젓셰
的利害　發燒不發燒　不覺着發 리가、몸시압품이다　몸이더움소아니더움
燒晃晃兒、還冷一点兒、不大利害 소　더웁지눈안코、오슬ㅅㅅ、좀치우나
大小便行動不行動　跟平常一 、大端甚、ㅎ지는안십이다　大小便는通ㅎ
樣　飮食上怎麽樣　一点兒也吃 옵닛가　平日一樣이예요　飮食에는엇
不出甚么滋味兒來　夜裏有覺 더소　조금도맛을、모르겟세요
沒有　時常睡不着　出燥汗不出 을、쥬무시오、못쥬무시오　갓금자지를、
總不甚麽出汗　心裡跳不跳　走 못ㅎ여요　진땀은、나지안소　도시부슨
　　　　　　　　　　　　　　 딤은나지안어요　가심이、뛰오、아니뛰오

一二四

會話第三十七章

您來了　好您吶　承問您吶好
오섭닛가　安寧호십닛가　고마옵십이다

開水冲着吃麼　啊冲着喝
라셔먹소　아、라셔마십시오

的東西、萬吃不得　這麪子藥用
이가루藥은더운물에、아조먹지마시오

口不忌口呢　忌口、可是不消化
飮食을忌호는데요　消化잘아니호는物件은

受了点兒傷我給您開個方兒　忌
소내、方文내여드리다　飮食을忌호오

要緊　這是怎麼個病　您胃經
니호오　이젼병이오닛가　胃經이좀傷호엿

麼喘　咳嗽不咳嗽　不咳嗽不
안차오　기침은조곰도업세오　기침호오、아

的快了就跳　喘不喘　氣倒不怎
너무쌔리거르면、못뛰여요　숨이차오　숨이차지안어요

官話華語敎範

不敢當、僱請坐罷　有坐有坐　僱平安호읫가　不敢當이오、당신안지섭시
今兒怎麼這麼閑在呀　聽說僱欠오　안질디읫섭이다　당신오놀엿지、이러
安了今日特來問候　叫僱惦着、還케閑暇호서오 메드르닛가、당신이 便치
不大俐儷(리뤄) 我先不知道、昨兒我纔안으시다、기여、오늘特別이問候함이다
聽說、實在是、少來望看僱哪　那당신으로、이처럼성각、호시게호엿섭이
兒的話呢、這就勞駕的很了　僱是다、아죽도성치눈못호옵이다　난、먼져는
多暗病的　從前天就覺着不舒服、아지못호고、어져야말솜을드려세오、참
僱沒請大夫看看麼　請大夫看、당신을뵈옵을못호엿섭이다　千萬에
了現在還吃藥咧　飮食怎麼樣말솜도다호십이다이웃디단어렵섭이다구
려　당신은언제病患이십낫가　再昨日무

飲食雖不能照常、可吃的不少 터便치가안어요 醫員請ᄒ여보시지안어
那好極了、儞總得多吃飯、安心靜 십잇가 아醫員請ᄒ여보고죽금도藥먹십
養、自然就好了 是麼 儞臉上 이다 飮食은엇더십잇가 飮食이平常디
氣色和精神、可還是照舊一樣 로눈못ᄒ여도、먹기를적지안케홈이다
要是服元兒還得些日子 儞調養 그미우못십이다、당신엇저던、진지만이잡
幾天就好了、我要回去了 儞忙 슈시고安心靜養ᄒ시면自然못낫십지오
甚麼了、天還早哪 我改天再瞧 올소、당신、얼골과精神는오히려以前과ᄭᆺ
儞來 恕罪々々我不送儞了 改 든디요 네 完蘇되쟈면、ᄯᅩ멋칠가져야
日見罷 日이야죽이른데오 내他日ᄯᅩ당신보 되겟소 당신멋칠됴리ᄒ시면、못늣게십
이러옵지오 용셔ᄒ십시오、당신餞送못 이다난 가겟십이다 당신무엇이、밧부시
ᄒ옴이다 다른날뵈옵시다 오、늘이야죽이른데오 내他日ᄯᅩ당신보

官話華語教範 一三七

官話華語敎範

會話第二十八章

先生來了、久違々々　彼此々々
先生오섯잇가、오릭감만이구려　彼此일
반이웁소이다　당신이언제오섯십의가

儞是多暗回來的　我是昨兒個回來的
계와섯십이다　당신이언제오섯십의가
나눈어제와십이다

路上很好啊　托儞福、倒平安
路上에서、平安ᄒ엿십의가　나눈어
당신덕분인지모다平安ᄒ엿십이다　당신

懲這邊出去、是有甚麽公幹
이번、나가신것은、무슨볼일이잇셔、십잇
가　나눈大人을ᄯᅡ러셔、南鮮地方에、視察

我是隨着大人、到南鮮地方考査情形去了
ᄎᆞ셩
가셧십이다　이언의ᄇᆞ른大人을ᄯᅡ러셔、가

是、隨着那位大人去的
세셧요　이王大人을ᄯᅡ러셔、갓지오　가

去了有多少日子　連來帶去整一
ᄍᅼᆼ
신지가、여러놀되셧지오　오고、가ᄭᅡ、

一三八

個月　我上回、到府上望看儞去
了、聽說儞公出了　勞儞駕、我實
在失迎　那兒的話呢　儞這幾天
忙甚麽　來着　也沒甚麽正經事
、就是這幾天、有一位舊日的朋友
、到京來了、應酬了兩天　是那位
朋友　就是我上回、和儞提的那
位柳自春、他來了　這位朋友來
了、好極了、我還要和他、會々面

쏙一箇月이오　내가、져번에、宅에、보이
러가셔、말을、드르닛가、당신이　出張을나
가셧다고ᄒᆞ여요　수고ᄒᆞ엿십이다、너참
迎接지를못ᄒᆞ여셔　千萬의말삼이올시다
당신、이몃칠、무엇에、밧부셧소　亦別
로正當ᄒᆞᆫ일은、업고、곳이몃칠은、ᄒᆞᆫ분前
日親舊가、셔울을와셔、ᄒᆞᆫ잇을接對ᄒᆞ엿지
오　이엇던親舊오　못이내가、져번에당
신과말숨ᄒᆞ던、그분柳自春그가왓셰오
이분親舊가、오셧스면、미우못소、나도그

會話第三十九章

他也久仰大名、還要到府上望看儞去哪

不敢當、他這遭來、是有何公幹　是瞧他的親戚來

他這兩天、我們可以見一見

那麼一兩天、必拜儞來了

儞學敝國話、有幾年了　我學貴國話、不過繞一年

儞學話、繞一年、就說的這麼好、儞眞天才呀

好說不過是眼面前兒的話罷　我
是在貴國住了三年、一句話、還不
通、我自己想太笨的很了　那兒
的話呢、若學、沒有不能學的、只
要不辭勞就可以行　我聽說、倇
英國話也說的很好　那兒說得好
昵、不過略會一点兒就是了　倇
學英國話、和敝國話両樣兒、那一
樣兒難　若論學話、那一樣兒也

이러케잘ᄒᆞ시니、당신참天才시오
말숨이올시다、不過는쉬운말입지오　나
는、貴國에셔三年이나잇셔야、ᄒᆞᆫ키말도、
通치롤못ᄒᆞ니、너가너싱각을ᄒᆞ여도너무
둔ᄒᆞ여요　千萬에오、비오면비오지못할
것이업는뒤、다만、괴로온것을실여아니ᄒᆞ
면되지오　너드른즉、당신英國말도、미우
잘ᄒᆞ시다구려　왼걸、잘ᄒᆞᆫ다고야、ᄒᆞ여요、당신英國말
不過、조곰、ᄯᅩᆷ을쥬올아지오
과、敝國말비오눈뒤、두가지예언는것이、

官話華語敎範

一四一

官話華語敎範

不容易、只要用心沒有難的、可是
若說、中國話、是最難的、起首學
口音難、第二是文法難、雖說是有
才幹的人、沒有能按着規矩說的、
也沒有說得一点兒口音也不錯的
是的、這學話總得先學口音、口
音正、說話眞、所以口音是頂要緊
的　誠然是的

어렵슴듸가　말ᄒᆡ오는걸로말ᄒᆞ면、아모
것도쉬웁지안치마는、다만ᄆ음만쓰면、어
려운것이업스ᄂ그러나말ᄒᆞ자면中國말이
가장어려운거이、첫ᄃᆡ、ᄆ音ᄇᆡ오기가어렵
고둘지文法이어려와셔아모리、才調잇다
ᄂ、사름도、능히法則대로、말ᄒᆞ는이도업
고、말ᄒᆞ기를、조금도ᄆ音이、틀이지아니
ᄒᆞ게ᄒᆞ는이업습듸다　그러치오　이말ᄇᆡ
오는데는、엇지던먼져ᄆ音을ᄇᆡ와셔、ᄆ音
이발나야、말ᄒᆞ는게、똑ᄉᆞᄒᆞ니、그러무로
ᄆ音이제일緊要ᄒᆞ지오　참을소이다

會話第四十章

恭喜々々、聽說貴學堂考試、儞是
獨占前列實在才高得很了 好說
々々、這不過一時僥倖、就是了
儞太謙了、令弟這回考試、實在是
抱屈了 沒把他、甄別下來、還不
等便宜麽 儞令弟平素不是不知
道用功 雖然他知功他可是頑
固不化 等他、心竅兒一開、可就

고마옵십늬다、드르닛가、貴學校、試驗에
당신이優等첫지가、되엿다호니、참미우才
分이노푸십이다 됴흔말삼이오不過이一
時僥倖이지오 당신너무謙辭을시다、令
弟서々는、이번試驗에、참、이怨屈홉듸
다 그를、落第아닌것이、오히려씨지안소
당신令弟가、平日에、이工夫호줄、아지
못호는이가아인되요 그에、소견머리가
지만도、下愚不移에요

官話華語敎範

官話華話敎範

好了　是這麼着　俺貴學堂、一年考幾回呀　敝學堂的規矩、初入學堂、是六箇月甄別一次、一年春秋兩季大考哪　啊應了試的、也有獎賞麽　聽說貴國是得中的有個獎賞、敝國沒有　那麼考的、好不好、有怎麼個分別呢　是筭分數兒、殼分數兒、列爲一等、次等、三等、再次不列等　若是平常有過失品

뎔인뒤에는、곳낫지오　녜、그러ᄒᆞ여요
당신貴學校가、一年에몇번、試驗이오　敝學校의規則이、學堂에初入ᄒᆞ여셔는、六個月一次식、一年春秋兩節大試驗이지오
應試ᄒᆞᆫ이는、또、賞品이잇십잇가　貴國에는、得中ᄒᆞᆫ이가賞이、잇답듸다마는　敝國에는업세오　그러면잘ᄒᆞ고、못ᄒᆞᆫ것을、엇지分別ᄒᆞ오　이計点ᄒᆞ여셔、満点은、一等、次二等、再三等이오、坐落第一、만일平日에、過失이잇고品行이端正치못ᄒᆞᆫ이

會話第四十一章

昨兒、我聽說、儞到京所以來望看儞納、儞一路都好啊 托福、一路都很平安、我本應當、先到儞府上去、就因為昨兒繚到的、一切行李還沒安排好了請儞恕我改日請安

性不端的就革除了 夏天歇伏、不歇呢 夏天是放暑假 放多少日子呢 也就是六個星期罷

어제말을드르니가、당신이、셔울을、오엿다기에、너가、당신을、보이려왓섭이다、당신덕분에、왼길이、다미우平安호엿섭이다、너가去에、원길에다무고호셔섭잇가 당신덕분本이應當먼져、宅에갈것을、곳어졔야와셔

官話華語敎範

官話華語敎範

去　不敢當我今日還約儞趕明兒
個下午六点鍾敬治薄酒、給儞接
風儞千萬別推辭　儞別費心我這
是初到、該去的地方多、我先心領
就是了　那麽過些日子也行罷
儞不要費心了、咱們弟兄、還有甚
麽講究呢　儞太外道了、儞這邊
是由水路來的、是由旱路來的
有時候兒起旱、有時候兒坐輪船

一切行李도아즉잘安排차웟훔으로히그런
거이니、당신、너、他日問安가기로、容恕훈
십시오　不敢當이올시다、뎨가、오늘당
신을來日下午六時쯤薄酒를갓추어、당신
을接待ᄒᆞ랴請ᄒᆞ오니、당신千萬에拒絶마
옵시오　당신의쓰지마옵시오、너가이처
음와서、갈데가만으니가、나는、먼져마음
으로밧게십이다　그러면몃칠、지너도、쓰
게십이다　당신의쓰지말으시오、우리터
이에무슨흉허물이잇십잇가　당신너무셔

一、好在現時輪船鐵路都很方便 어찌십이다、당신 이번에 水路로、오셧소、이陸路로、오셧소 或陸路도ᄒᆞ고、或乘船

可不是麼、那麼您在路上、走了多 ᄒᆞᆯ時도、잇셔지요、참즉금은輪船鐵道가잇

少日子呢 我們在路上、一共走 써셔모다믹우便利ᄒᆞ여요 그러코말고요

了二十多天 倆這一路是很辛苦 、그러면당신길에셔몃놀이ᄂᆞ거르셧소

了 也沒甚麼辛苦不過是到了水 우리가、길에셔通二十余日을거럿소 당

路上、可眞不得了 怎麼倆暈船 신、이一路ᄂᆞᆫ辛苦미우、ᄒᆞ엿지오 무엇辛

麼 我暈的利害咧、三四天、沒能 苦ᄒᆞᆷ잇고、不過이水路에와셔ᄂᆞᆫ、참딕단ᄒᆞ

吃東西、簡直的、嘔吐的了不得、 엿지오 엇지셔오、당신、빅멀미、나심잇

自從下了船這兩天繞覺着好点兒 가、난、빅、멀미가、되단ᄒᆞ여요三四日을

먹도못ᄒᆞ고、아조嘔吐에ᄒᆞᆯ규가、업다가、

빅에、너린뒤로、이ᄒᆞᆫ잇ᄯᅳᆯ겨오ᄯᅳᆷ、나은듯

官話華語敎範   一四七

那麼您治公、我過一兩天、備帖
邀您您可別推辞　就是罷、我是
定要叨擾的嘍　咱們一兩天見罷

會話　第四十二章

前次、叫您費心、我今兒特意來、
謝謝您納　您實在多禮了、這麼
点兒東西、您還提在話下、何敢
謝字呢　您從外頭、帶來的東西、
固然是不少、親友們多、那兒不得

應酬呢、若是都像、給我的這麼多、어디는、接待ᄒᆞ지、아니ᄒᆞ깁 잇가만일、모
恐怕是分不過 來罷、儞還惦記着 다、나쥬는 것갓치、이러케만을 것갓트면、
我哪 好說送了去的東西實在拿 아마分次가、못되겟소이다、老兄이、ᄯᅩ나
不出手來不成敬意的很 那兒的 를다 이처럽싱각ᄒᆞ신단말삼이오 老兄이、
話呢、儞這邊、都是上那兒遊玩去 삼이 올시다 보ᄂᆡᆫ것이、참便 々 치못ᄒᆞ여셔
了 我是到南幾省、逛了一遭 미우딥졉이못되옵이다 千萬의말삼이을
去的日子不少罷 敢情是不少、 십듸닛가、老兄이번에、모다어듸를、노러가셧
有四個月的光景 那邊兒的景緻 경ᄒᆞ엿지오 가신日子가不少ᄒᆞ시지오
很可觀罷 是、那邊兒、比這邊兒 不少ᄒᆞ여요、四箇月동안이나、되엿셰요

官話華語敎範

官話華語敎範

好多了、名勝地方也不少 儞沒
到過北邊兒去麽 儞別提了有一
年、我到八達嶺去、逛了一趟、回
頭到十三陵、受的那個罪、眞是一
言難盡了 是怎麽了 不說別的
單說住店這一層、連一個乾淨店
都沒有 那麽、儞住在那兒了
也是住店哪趕等到夜裏、都出來
了有成千動萬的、那麽些個蚊子、

그쪽景致가미우볼만ᄒ겟지오 네、거긔
가、여긔보담은、미우 못십되다、名勝地도
不少ᄒ고 당신北方에는、가보시지못ᄒ
셧소 여보말삼마시오、언늬히에、너가、
八達嶺에가셔、一次구경ᄒ고、도라오다가
十三陵에들갓는뒤、흔그고싱이라니、참、
이로말ᄒ슈업소 다른것은
말、말고、單旅館에、드는、이 條件만、말흡
시다、ᄒ나도精ᄒ旅館은업고 그러면、당
신어듸셔、留ᄒ엿소 亦是旅舘에、드러
디、밤중씀되더니、모다나오는千萬이나되

一五〇

蚉子、咬的咬、哏的哏、我正宿也
는、그러케 만은、모긔、벼룩이、무는것은、

不能睡覺 儞沒帶着帳子去麽
웨잠 저장
물고、뜻는것은、뜻는데、자랴、잘 슈가 잇

我帶着了若不然嚘了不得了 這
러 샤졍량 더
셔야지오 당신帳을아 니가지고 가셧지

樣事情、實在叫人沒法子、北方就
빠
의가 너가지고셔 갓셔지오 그러치아니

是這麽樣 南方稍微的好些兒
쌰웨 쌔
ᄒ엿드면、더 구나、말 아니 엿지오、이런

就是了
요 南方은졔긔죡、낫십듸다 그러치오

일、참、사롬이홀 슈업셔 北方은、이러ᄒ여

會話第四十三章

聽說、儞陞到外任去了、今兒我特
쎵 신
드르니、당신이、外任을ᄒ여가신다 기예、

意來、給儞道喜來了 不敢當、實
시
오늘너가、特別이 당신게、致賀왓십이다

官話華語敎範

一五一

在勞駕的很　我這有一点兒、送行的薄儀、千萬儷(쎄이)別推辭
儷(더)這實在、費心得很、我可不敢領
儷若是不收下、就是嫌這禮太薄(써-쎄)了
儷若是這麽說、我再推却(퇴체)了、謝々儷哪我承領就(쳥)是
就不恭了、明兒個我必到貴館、辞行去
不敢當、儷到省就可以赴新任去(부)
麽　是到省之後、就可以到任、然

不敢當참오시기에민우슈고호셧십이다」
니이、조고만흔餞別品이오니、당신千萬에拒絶호지마옵시오　당신、참미우、의쓰셰
십이다、나는、敢이밧지、못호겟십이다　당신、만일밧어、두지안이호시면、곳이禮物이、너무薄호여셔、호시는거시올시다　당신만일、이러케말삼호시면、너쏘退却호는것이、不恭호엿가、고마옵십이다、밧는것이올십이다、來日、너貴館으로告別호러가겟십이다、그것는不敢當이임다、당신省에가셔셔는」곳可以新任으로가십잇가

後、纔能派人來、接家眷哪　那麼
一切行嚢、都預備齊截了麼　也
沒甚麼、筭是都歸着齊了　倲走
後、像倲這傢俱、都安置在那兒去
呢　我想這些東西、總得、寄放我
們親戚家、以後再回來的時候兒、
用之方便　是這倒不錯　我現在
甚麼都不短了、就是還少一箇長
隨、倲意中現有妥當人沒有、求倲

예、省에가셔서는、곳可以到任ᄒᆞ고、然後에
야、能이사ᄅᆞᆷ보내여、家眷을다려가겟소이
다　그러면、一切行裝은、되다准備、되엿
ᄉᆞᆸ거ᄂᆞ、무엇다된셰음이올시다
당신가신뒤에、당슌이셰간셔ᄅᆞᆫ것ᄂᆞᆫ、모
다엇다가、갓다두십잇가　너싱각은、이物
件ᄂᆞᆫ、엿저던우리親戚에집에、밋씨여
두면、以後다시、도로올ᄊᆡ에、쓰기가、믹우
便利ᄒᆞ올듯ᄒᆞ여요　네、이거시관괴찬소
너숨금부엿다、덜되지안코、곳이下八ᄒᆞ나
이、업는데、당신心中에、適當ᄒᆞ사ᄅᆞᆷ이、잇

官話華語教範

給擧薦一個來行麽 是、這件事、거던、당신 한箇薦擧ᄒ여、쥬시겟소 네、
等我回去、細々兒的想一想、誰合式、我給儞打發一箇來就是了 이일은、너、집에가거던、仔細々々싱각ᄒ여、보아셔、뉘가合當ᄒ면、너당신게ᄒᆫ나보너오리다
那麽費儞心罷 그러면당신、일좀쓰십시오

會話第四十四章

久蒙閣下照拂實在是、感謝得很 오리閣下에指導를입어셔、참、感激키다ᄃᆡ단ᄒ더니、몃칠前에 敝國셔「電報가와셔、나를 도라오라고、부러셔、特이告別을、왓십이다 어너가말을드릿셧소、당신게、餞送을、가랴고ᄒᄂᆞᆫ中이오 그는、敢이오
了、前幾天敝國來電招我回去、所以特來辭行 哦我聽說來着、正要上儞那兒、給儞送行去 那倒不

敢勞、儱駕、儱這、得多暗起身呢
不久的就要動身、大槪、就在這
三五天之內罷　儱這一去、偺們
不知道、多暗纔能見哪　後會自
然有期可不能預定就是了　我這
兒有一個銅壺瓦硯聊表我相戀之
情、請儱別推辭、送行的程儀、改日
再送到貴舘去　程儀不程儀儱不
必多禮了、這些二個厚儀、我都實領

시라슈、잇십잇가　당신이언제、떠나시게
됨잇가　오릭지안어、곳써나겟십이다、아
마못이三五日內、되겟십이다　당신이번
가시면、우리가、언제나能이맛날는지、모
르겟구려　뒤에만놀놀이、잇겟스나、그러
나能이預定치는못ᄒᆞ지오　너、여긔훈개
銅壺와、瓦硯는나의相念之情을、表ᄒᆞ는것
이니、당신拒絕마십시오、餞別品은、他日
다시、貴舘으로、보너겟십이다　餞別品이
고말고、당신은、너무禮節을찻지마십시오

官話華語敎範

一五五

官話華語敎範

就是了、我這兒有一個金表、送個^{쒜지}作個記念、請個賞臉千萬別推辞

那麽偺們對謝就是了　將來還求閣下不遺在遠、時惠箴言、俾得有所遵循以廣見聞纔好　咱們心照就是了兄弟素日承個抬愛個還這麽客氣呐、個回去之後、総祈時加珍重、路上還要處々兒留心、但願福星伴君我們是所祝禱的　多謝

이여러個厚儀는、닉가다밧섭이다、나의이^{흔지}金時表는、당신紀念品삼으시고、千萬에拒絕마시고、당신바드십시오　네、그러면、우리가、맛致謝함시다　將來쏘閣下에서々、바리지、마음시고、쉬々로箴言을주셔々、하야곰邊循홀바잇셔써、聞見을넓피를어드면못게소이다　우리가마음으로빗치지오、데가、平日에당신의、사랑하심을입어는딕、당신쏘이러케소양하십가、당신回去하신後에、엇지던時加珍重하시고、路上에도、處處에操心하십시오、다만

儞納吉言、閣下回到府上、見了令
尊令堂二位大人、替我請安 謝々
必給儞都提到、我就是不在這兒、
閣下若是有事情、不拘甚麼時候
兒竟管示知 儞若是、定規日子
起身、求儞告訴我說、我好送行
閣下別費心我這兩天、忙得很、不
在家的時候兒多、儞不必勞駕、就
在這兒告一告辞、就筭了 那有

福星이伴君ᄒᆞ기를、이우리가祝禱ᄒᆞ는비
올시다 閣下宅에 당신의吉言이、디단、고마옵십이
다 閣下宅에도라가셔々 春府、萱堂二位
大人게、問安ᄒᆞ여쥬십시오 고마옵십이
다、다말삼ᄃᆞᆸ지오、너못여긔잇지안풀라도
閣下일이잇거던、아모ᄯᅦ던지、말솜만ᄒᆞ십
시오 당신만일、셔나실日子定ᄒᆞ셧거던、
당신、너게말솜ᄒᆞ여쥬십시오、너가餞別ᄒᆞ
러가긔、됴케요 閣下의쓰지마옵시오、너
이、흔、잇틀은、디단밧버셔、집에、업슬ᄭᅦ
가만ᄂᆞ니、당신오실거이아니라、못、역긔
셔、作別ᄒᆞ면、고만이올시다 엇지이러

官話華語敎範

一五七

會話第四十五章

這個道理呢 咱們就這樣罷 後
會有期
훌도리가잇겟소 우리 이러케홉시다 맛놀々이잇지오

儞的表、甚麼時候兒、偕們倆、
對一對 我的表沒准兒、贃々鍾(쭝)
去罷 怎麽了睡了覺了該擦油泥(야와늬)
了罷 我今兒早起、忘了上絃了
我先前、有一箇表、走着々々、站(쩌)
住了我以爲是、忘了上絃了、誰知(웨왕)

당신,時表가,언늬쉬요우리 맛처,보설시
다 나의時表는,准的지못ᄒᆞ니,掛鍾을,
가보시오 엇지잘을자오,셔를졔여야,되
겟나보구려 오놀아침에,틱렴을,아니감
엇세요 닉가이前에一箇時表가,잇서는
되,잇다곰,々々々,스귀에,나는틱렴을아
니감엇나,ᄒᆞ엿더니,뉘아릿소,틱엽이,잔

道、絃滿着哪我一擰、㕧把絃擰
折了　那總得、送到鍾表舖、配
一盤新條、纔好哪　是、鍾現在幾
下兒了　現在三点両刻十分了
我拈摸着、是快点兒了罷　不快、
還慢哪　敢情、還是這麼早啊、懣
的掛鍾走的很準麼　也不等、很
準還是有毛病、今兒、把他撥准了
明兒就快了、我不知道毛病、是

득、찾겟소、네가한번드다가、파
열을슨어러럿소　그럿저던時計舖에보
내셔、흔기、시튀업을、치이여야、되겟소
네、종이、즉금몟덤이오　즉금셕뎜이각십
분이오　난어림에좀더가오　더가지안어
요、오히려、더뒷걸요　그런주물、몰나며
니、쏘이러케일은가요、당신의掛鍾이、가
기를꼭홀오　미우准的지못호세음이여요
쏘이병이잇셔、오늘、맛치면리일은、뎌가
니、흠졀이、이어되잇는지、알슈가업소

會話第四十六章

把兒上絃씨
兒的麽　不是、是暗壳兒的、是個
我還聽說、儞買了一箇表、是明壳
点兒毛病、拾掇々々就好了　是
的不合式罷　或是輪子那兒有
在那兒、是在擺上、大槪是鈍擰

張師傅、在櫃上了麽　儞請裡邊
坐　我們主人、派我來、請儞

이츄에잇는듸、츄、돌기를不合當ᄒ게
ᄒ거신가보아요 或박퀴、어디좀病집이
잇는지、곳치면되지오 베、너들으닛가당
신호기時表를삿다는데、이싹 지엽 는것이
오 아니요、싹지잇는것인데자로、로터헙
감는것이예오

張師傅、가게에잇소　드러안지십시오
우리主人이、나를보너여、당신을請홈듸다

甚麼事情 聽說是建築的事情儞
一去就曉得了 現在我還有点兒
事、等我、把房圖畫得了我就去、
那麼儞 先行一步罷 那麼我
先走了個 總要去的放心罷 回先
生知道、張師傅一會兒就來 他在
慣上、幹甚麼了 房圖了總是手
藝人、眞忙啊 伱出去、等張師傅
來了、領來他見我 喳、張師傅來
를보여라

무슨일이오 드르닛가建築之事인가본듸
당신、가시면、아시리라 즉금 니가손조
금、일이잇스니、너이圖形을、그려노코、너
곳갈터인듸、그러케ᄒ시오、당신먼져좀
가십시오 그러면、난、먼져가니、당신은、
오시오 념녀마르시오 先生케、엿줍
니다、張師傅가、츰잇스면、옵이다、그가、
塵에셔、웃어ᄉᆞ흔드나 집圖形을 그려
요、엇지던지죠아치라、참밧붐의다 너
나가셔、張傅師오거던、디리고、와셔、나
이、張師傅 왓십이다 드려

官話華語敎範

了　進來罷、請坐〻〻　有坐〻
〻、儞招我、有何事情　我打算、盖
一處樓房、前些三日子、有你們同行、
金于山、魚得水、楊得山、苗得雨、
萬事通、他們先後、到我這兒來、
已經都定規了、然而價錢、還沒定
局、今天請你來看〻我那房基的
地勢、坪數、畫一分兒、詳細房圖、
至於工料　價値你們斟酌定算送

오시오、안지시오、당
신、나를오라ᄒ심은、무슨일이오닛가
난、ᄒᆞᆫ座洋屋을、짓게는ᄃᆡ、몃칠前에、그
ᄃᆡ들、同業者되는、金于山、楊得山、苗得
雨、萬事通、그드ᄅᆡ、先後로、너게와셔、임
이다規定ᄒ엿스나、그러ᄒ나、價金은、아
즉結定치、아니ᄒ여는ᄃᆡ、오늘君을、請來
홈은、나의、그、집러의坪數를、보아셔、ᄒᆞᆫ
張詳細ᄒᆞᆫ圖形를그리고、工料價値히셔는
너의가、짐작ᄒ야定算ᄒ여셔、가져오면、

來我再把他們的找來、讓你們、看　네、다시、그들 것을、차져다가、너 의를뵈
圖拈價、若是那家便宜、就令那家　고、圖形보아、價額 을어림히셔、만일뉘집
包做　那麼着、偩領我、看々那個　밧싼(?)이 링이면、싼티로、식키겟소　그러면、나를、
地方　哼偕們走罷　就是這兒　　　 드리고、그곳에가보십시다　응、우리가십
好一座的地勢呀、天然造就的、眞　시다　못여기요　못소리天然 作으로된、
山眞水呀　有甚麼好呢、不過將　　眞山眞水로구려　무엇시못소不過그런티
就着居住而已罷、你看這地勢、何　로居處호만호지오、여보―보시오、터를、
處應當建造樓臺水閣、涼亭魚池、　엇다가 應當 樓臺、水閣、涼亭、魚池、花園、
花園子、打球塲、甚麼的、你就看　運動場무엇슬建造호겟나、君이、못보아서

官話華語敎範

一六三

官話華語敎範

着辦罷　就是罷
ㅎ시오　그러케 ㅎ섭시오

會話 第四十七章

伱們有甚麽菜、伱一報　是、紅燒
너의게 무슨菜가 잇는지、말ㅎ여보아라
녜、홍쇼
翅子、菊花鍋子、清蒸翅子、燒鴨子、
최즈、쥐화꺼즈、칭ㅎ야
황먼야괘얼、회야싱얼、쥐화거즈、칭쪙츼즈、쌴야쟝、회야
黄悶鴨塊兒、燴鴨丁兒、糟鴨掌、燴
회잉
먼지
쟝
鴨舌、燴鴨條、清蒸雞、黃悶雞、鍋
야쓰、
젼얀리위、훙위꽤얀얼、쨘루위、회
燒雞、膾雞絲兒、尖䰞鯉魚、紅燒
쌴
뾘
魚塊兒、糟溜魚片兒、膾鱔魚、油
야뚜
회쌴싱얼、회쌴썬、쟈졍、칭쩡렌즈、칭쩡얀
魚肚兒、醃魚肚兒、魚肚仁兒、膾
얀、쌴쎄완즈、당신달나십시오무엇이못싯

三仙、膾三丁兒、膾散旦、菓羹、清
蒸蓮子、淸蒸山藥、三仙丸子、儞
要甚麽好　先來四箇壓桌楪兒、
火腿、松花、糟鴨子、燻魚　來一箇
魚四作兒、紅燒魚頭、膾萬魚醬汁
鯉魚中段兒、魚片兒、來半隻燒鴨
子、帶片兒餕餕　儞要甚麽酒　伱
們這兒都有甚麽酒　壯元紅、玫
瑰露、蓮花白、史國公、五加皮、紹

잇가、먼저四箇야쥐데얼에、훠퉤、쑹화、짠
야쯔、쉰위、가져오고、훈나는、生鮮으로네
가지민든것、훙쌴위터우、회만위、쟝지리위
중단얼、위펜얼、가져오고、반쌱、쌱야쯔、
에다가펜얼 버버、를셔셔가져오나라　당
신무슌슐을달나십잇가　너들게、무슌슐
이잇느냐　챵왠훙、메쒜루、렌화쎄、쓰커
궁우쟈피、쌸싱취、황취、쌱취、올시다
쌴얼、두근、가져오고、쌰황취에두귀뚱쑷
얼、올가져오나라、우리먼져먹게　당신쇼

官話華語敎範
一六五

興酒、黃酒、燒酒 來兩壺、白乾兒、再來黃酒、兩個盅素兒、我們先喝着 儞還要甚麽点心 這兒有甚麽点心 門丁兒、燒菱、韭菜摟、春捲兒、水晶包兒、湯麵、餃兒風饒、水餃子、絲兒餅、悶爐兒燒餅 儞給配甜的醎的、佩來四樣兒 老爺、儞的底下人、他們吃甚麽呀 哦、給他們一個、木樨肉十錦豆腐、叫他們先喝酒、吃春餅、炒合菜、攤黃菜、醎肉絲兒、炒韭菜、就得了 堂官兒 喳 撤單、伙開單子來 喳 老爺儞請漱口、擦臉、這是牙籤兒 老爺單子開來了 這單子連底下人、吃的都在其內麼 喳 這是十塊錢、下餘的、賞你們酒錢 謝々老爺、儞聽戲、不聽戲啊、儞要喜歡

誰家、好給儞貼座兒去　嗯、今天
　有事、不聽戲了、給我套車來　老
爺儞回去了

會話　第四十八章

我來貴國日子、不多、一切風土人
情、還都不大曉得、我要領教儞
納　好說儞說罷是甚麽事　比方
說有一家兒、辦喜事、我去、應該
說甚麽、送甚麽禮物呢　這辦喜

事不同、或者是娉閨女娶媳婦兒、或是辦壽日、小孩兒滿月、都叫做喜事、要去行人情的時侯兒、也就是道喜或是拜壽沒別的話　那麼禮物送甚麼呢　這也是、幾等、幾樣兒，看交情的厚薄　是、要提娉說罷　交情厚的、有送寧綢、洋縐衣料兒、或靴子帽、和珍珠首飾甚麼的、再加上、喜敬若干銀兩或

말ᄒ며,무슨禮物을,보너오　이慶事지나는것시,서지가아는디요,或이,閨秀의出嫁와男子의娶妻라던지或,生日지너는것
小兒의三七日이모다慶事지낸다고ᄒ는되,가셔인스코져홀셰에도,곳이道喜,或拜壽라ᄒᆞᆯ쑨이오,別것업지오　그러면禮物은,무엇슬보너오　이亦是몃等몃가지인데,交分厚薄에달엿지오　네,娶聘오로말홀것곳ᄐ면요　交分厚ᄒᆞ이ᄂᆞᆫ寧綢、洋芍紗옷감이던지、或墨靴帽子와　珍珠首飾무

官話華語敎範

一六九

官話華語教範

奮敬、若干銀都使得　那麼、交情
平常的呢　那就掛個帳子、上多
兒錢的分子也就得了、再次就是
幾塊錢的分子、至於送拜壽之禮
也有帳子壽桃、壽麵、壽酒、壽燭、炸
炮袍袿料、八仙人子、猪羊、米麵、要
是很少壽桃、壽麵、那是總得送的
那麼、小孩子兒滿月呢　這個事
先從洗三說、儆國的風俗、小孩兒

엇이오, 喜敬若干銀或奮敬若干銀모
다그러치오 그러면항용交分에는요 그
눈곳帳호여보너고, 얼마돈單子을여도되
고再次는몇圓돈單子요生日보러가는데,
보너는禮도, 帳、壽桃、壽麵、壽酒、壽燭딱
총, 두루미귀次, 八仙人글인帳, 猪、羊、쌀
밀가루, 만일미우적고보면壽桃餅、壽
麵이그모다보너는것이지오 그러면小兒
의滿月에는요 이먼져三日날노부터말ᄒ

初生第三天、名叫洗三、親戚朋友
也就是送雞子兒、和点心、小米兒、
紅糖、掛麵、等類、或四樣兒、或兩
樣兒都可以 滿月也送這個歷
不是、滿月送的、也不一樣、可不
外乎甚麼孩兒式金銀鈴鐺、壽星老
項圈、等類、或金、或銀、或包金、都
是隨意、再搭上針線、和彌敬、或
帶鈴、銀錢、若干亦無不可

십시다 敝國風俗이 小兒初生ᄒᆞᆫ지 第三日을
洗三이라고ᄒᆞᄂᆞᆫ듸 親戚朋友가 또 雞卵과 菓
子홉쓸 紅糖、日本麵等類或 너덧가지或두
어가지、다可ᄒᆞ지오 滿月에도 이거슬보
니오 아니요滿月에、보너ᄂᆞᆫ것이亦、혼가
지가、아니지마ᄂᆞᆫ、무슨、孩兒式金銀방울、
壽星老먹도리等類에不外ᄒᆞᆫ데或金或銀或
塗金、모다마음ᄃᆡ로ᄒᆞ고、또針線과彌敬或
帶鈴、若干銀錢언ᄂᆞᆫ것도亦無不可을시다

官話華語教範

會話 第四十九章

趙子川先生、在家了麼 是、那位
是我呦 起馨先生麼、啊、請進
來、請坐々々 我不坐着了 忙甚
麼了 我打聽個一件事 甚麼事
幹臣先生、現在住在那兒 啊個問
陳先生、他住在那兒、我可就知道
了個起首由這兒、出東大門、奔永
導寺、過去東山向南一拐、就是清

涼里停車場、儞買張車票、就上車、等到南大門驛、下車、出了停車場的前門、趕緊上電車、看着到鍾路下車、儞就別坐車了、步行兒、徃西走、約摸着有里數地、那邊有一個巡捕房、那就是毛橋的地方、由那兒、向南大馬路直走、等走到有一座高樓房、那是京城日報社、由那個地方向南拐、別拐大了、若是拐

디, 당신, 車票 한장사 가지고, 곳車에、올나、南大門驛에닷거던、車에너리여、停車場前門으로나와、쌜리電車를타고、거진鍾路와셔車에너려、당신곳車라지말고、西으로、가기를、어림에일마장되면、거긔支所가잇는듸、그곳毛橋이온다、거긔셔、南쪽、큰行길로、바로、거러셔、一座큰層집잇는듸셔지、가게되면、그것은京城報日社인듸、그리로셔、南으로、셕거되、만이셕거지를마르시오、만일너무셕거지면、英國

官話華語教範

大了、就上了英國領事館衙門了、領事館으로가는뒤안인데、그거는、막다른골
那可是個死衚衕兒、儘總得好々먹이온다、당신、엇지던지、이西小門으로가
兒的、打聽々々、是得上西小門去는큰길을、잘々무러보아야、되리다、당신
的馬路繞行哪儘若是走到志甫洋만일志甫洋服店門前석지가면、그에그、左
服店門口、他那左邊、有一個往西邊에、혼지西南으로가는、小골먹이잇스니
南去、的小衚衕兒、儘就由那兒、往당신곳그리로히셔、드러가시오、얼마아니
裡走罷、走不遠、就有一座樓房、가셔、곳一座洋屋이잇는디、西南向에、門
是西南向、門口釘着門牌、上頭寫口에박은、門牌우에、쓰기를、이太平通二
着的是、太平通二丁目三百十七丁目三百十七番一號戶라호야、눈디、그곳

一七四

番一號戶、那就是陳先生的住處、
儞明白了麼　哼儞不說、我還找
着去的快、儞這麼一說、簡直的我
又走了有三十多里地　儞旣知道
何必問我呢

會話　第五十章

哦、儞解那兒來呀、纔下車麼　我
從家裏來　儞府上都好罷　托儞
福都好、儞也好啊　好啊儞納、偕

陳先生의、사는데요、당신明白ᄒ시오　형
당신이말을아니ᄒ엿스면、너、오하려、차
져가기를、速키ᄒ엿슬거를、당신이이러
케말삼ᄒ니싸、바로곳、너가三十餘里를더
걸을쎈ᄒ엿소　당신、임이아럿스면、何必
너게뭇소

어、당신어디로셔、오시오、인졔、車에너렷
소　난、집에셔옵이다　당신宅이、다無
ᄒ시오　당신덕분에、다無故ᄒ이다　당신
도無故ᄒ시오　無故홈이다우리가、이동

咱倆、這一燩兒、有幾年沒見了_하、有五六年了罷、現在這兒的市面、都改變了_쎄、簡直的我都認不出來 是那兒了 是麽比從前那幾年、都差的多了、俺這邊、是有甚麽公幹來呢 我這邊辦貨來了 俺打筭買處麽貨呀 我是販点兒洋廣雜貨、不知道誰家的好歹、俺知道麽 我有一位朋友、在這西城、

안、못본지가、멋히나되엿소 하、五六年되엿지오、죽금、여긔市面이、다變改가되여셔、아조、나는、모다어디인지、모르겟소구려 그럿소、以前멋히보다、모다만이 드리지오 당신、이번 셔울、오신거슨、무슨 볼일이 게 시여、오엿섭잇가、난、이번、오기는 物件을、사러 왓지오 당신무슨 物件을、사실預算이 심잇가 나는좀洋廣雜貨를 하겟는듸、뉘집이 됴은지、아지못 ᄒ니、당신아십잇가 너、한분친구가、이

開着一個洋行、價錢也都不貴 那西門內에셔、호디洋行을너인이가잇는듸、
很好了他納那兒 是甚麼字號 價文도、다빗샷지、안치오 그미우둇소、
他是天合利洋行、掌櫃的姓李、偃 그분거긔가、이무슨字號요 그는天合利
到那兒、一提我、他格外的總有關 洋行인듸、掌櫃의姓은、李哥이지오、당
照的 實在是好極了 請偃、告訴 신거긔、가셔々、너말만호시면、그가特別
我、他住在甚麼地方兒 他住在、 이엇지던、잘호여쥬리다 참、이민우둇
西四牌樓、轉塔兒衕衕裏邊兒一進 소구려、당신、나를、그이가、어디셔、사는
口往西走不遠兒、再往北 一拐灣 지、갈아쳐、쥬십시오 그가、西牌樓磚塔
兒、儘溜々頭兒、一扭身西南嘎拉 兒골목안에셔、사는듸、골목、드러가셔西
 으로、좀가다가、다시北으로썩겨도라、
 민、구셕박이、인듸、슬젹돌쳐셔며、西南

官話華語教範

官話華語敎範

兒、有一座高起門樓、門口兒上、
掛着招牌㑸一瞧就知道了　㑸辛
苦　㑸來了、請裏邊坐　請坐々
々　㑸貴姓　我賤姓王、沒領敎
㑸哪　豈敢我姓李　久仰々々
我有一位朋友、張二爺㑸曉得、不
曉得　哦、㑸提張二爺那是、我
至好的朋友　啊、前天、我一下火
車、我就碰見張二爺了、我倆二位

그, 소슬大門이고, 門口에廣告牌를다러쓰
니, 당신보시면옷, 아시리다　辛苦ᄒᆞ섭이
다, 오섭잇가　안지시오　안지시오　뉘
댁이섭잇가　너姓은王哥올시다, 당신
은, 뉘션지오　豈敢너姓은李哥올시다
오래듯자와십이다　너가, ᄒᆞᆫ분親舊가, 잇
오　어, 張二爺이지오, 당신, 아시오, 모르시
나의, 뎌단됴와ᄒᆞ는, 朋友이지오　아, 재
昨日에, 너가, 火車에ᄂᆞ리면서, 곳張二爺
를, 맛나보앗지오, 우리두리도, 亦是多年

一七八

也是相好多年、彼此、都沒甚麼講究　哦我早已、就聽見張二爺、提過您咧、實在失敬得很咧　好說、我到您這兒、打箅、買一点兒東西　您買甚麼東西　我這兒、有單子、請您看一看　哦、照着單子上的貨物、現在有幾種沒有的　哦那幾種沒有、現在外邊的行市、怎麼樣　行市倒是不大　現在若是照着

官話華語敎範　一七九

官話華語敎範

行市定下、東西可以甚麼時候兒
到呢　懲若是批定了、等四十五
天、照樣兒交貨、萬不能誤事　我
批定的貨物、價錢是、該怎麼辦呢
我們這行裏的 規矩是、按二八
交定錢、貨到之後、照數交錢　那
麼、偺們就這麼辦罷、我失陪了
懲忙甚麼了、再坐一坐罷　偺們
下月再見罷不送々々

件이어늬셔나、오겟십잇가　당신만일契
約ㅎ시면四十五日뒤에樣子디로、物件드
리고、아조失期업지오　나의契約ㅎ십잇가　우리여긔
件價는、인제엇더케ㅎ십잇가
行에規則은、二八按ㅎ여셔(每百圓에二十
圓)約條金交付ㅎ고、物件온뒤에數交되로
돈、칠으지오　그러면、우리이럿케흡시다
난、가옵이다　당신무어시 밧부시오 더、
안져누시오　우리來月에 또뵈옵시다、나
오시지、마옵시오

大正四年八月十五日　印刷
大正四年八月二十日　發行

定價金八十錢
（郵稅十二錢）

不許複製

著作兼
發行者　京城府禮智洞二百十五番地
　　　　李起馨

校閱者　京城府太通二丁目三百十七番地
　　　　陳國棟

印刷者　京城府中學洞五十五番地
　　　　金聖杓

印刷所　京城府公平洞五十五番地
電話　六七八番
　　　　誠文社

總發行所　京城府鍾路通二丁目八十一番地
　　　　普昌書舘

○信用을엇지 호나 밋는 것은 每 첫 지 느 를 네 지 는 주 의 호 지 은 계 소

○병은 金銀 飮食에 발효에 음식을 먹어 보아도 병이 나는 것生覺호 며

○무 수 만 수 외 또 두 주 가 되 여

○조 一夜에 用 호 은 주 쳐 쇼 精神 促을 싯 호 야 스나 될 씰 에 는 極 호 음

○酒色은 아죠 가쌉 씰서는 一二盞을 마셔도

"早期北京話珍本典籍校釋與研究"
叢書總目錄

早期北京話珍稀文獻集成

（一） 日本北京話教科書匯編

《燕京婦語》等八種　　　　　四聲聯珠
華語跬步　　　　　　　　　　官話指南·改訂官話指南
亞細亞言語集　　　　　　　　京華事略·北京紀聞
北京風土編·北京事情·北京風俗問答
伊蘇普喻言·今古奇觀·搜奇新編

（二） 朝鮮日據時期漢語會話書匯編

改正增補漢語獨學　　　　　　修正獨習漢語指南
高等官話華語精選　　　　　　官話華語教範
速修漢語自通　　　　　　　　無先生速修中國語自通
速修漢語大成　　　　　　　　官話標準：短期速修中國語自通
中語大全　　　　　　　　　　"內鮮滿"最速成中國語自通

（三） 西人北京話教科書匯編

尋津錄　　　　　　　　　　　北京話語音讀本
語言自邇集　　　　　　　　　語言自邇集（第二版）
官話類編　　　　　　　　　　言語聲片
華語入門　　　　　　　　　　華英文義津逮
漢英北京官話詞彙　　　　　　北京官話初階
漢語口語初級讀本·北京兒歌

（四）清代滿漢合璧文獻萃編

清文啓蒙　　　　　　　　清話問答四十條
一百條·清語易言　　　　　清文指要
續編兼漢清文指要　　　　　庸言知旨
滿漢成語對待　　　　　　　清文接字·字法舉一歌
重刻清文虛字指南編

（五）清代官話正音文獻

正音撮要　　　　　　　　正音咀華

（六）十全福

（七）清末民初京味兒小說書系

新鮮滋味　　　　　　　　過新年
小額　　　　　　　　　　北京
春阿氏　　　　　　　　　花鞋成老
評講聊齋　　　　　　　　講演聊齋

（八）清末民初京味兒時評書系

益世餘譚——民國初年北京生活百態
益世餘墨——民國初年北京生活百態

早期北京話研究書系

早期北京話語法演變專題研究
早期北京話語氣詞研究
晚清民國時期南北官話語法差異研究
基於清後期至民國初期北京話文獻語料的個案研究
高本漢《北京話語音讀本》整理與研究
北京話語音演變研究
文化語言學視域下的北京地名研究
語言自邇集——19世紀中期的北京話（第二版）
清末民初北京話語詞彙釋